EURO VISION

La petite histoire du grand Concours

ISBN : 978-2-7014-0436-3

Dépôt légal : octobre 2024
Achevé d'imprimer en France par SEPEC AGM

Hors Collection, un département d'Edi8
92, avenue de France
75013 Paris

EURO VISION

La petite histoire du grand Concours

PRÉFACE

Peut-être que des souvenirs d'enfance vous reviennent en mémoire : un samedi soir en famille, au salon, les yeux rivés sur l'écran de la télévision, et les oreilles à l'écoute de toutes les chansons. Ou alors, il se peut que vous repensiez aux éclats de rire entre amis, quand vous vous improvisiez juré à la répartie humoristique entre deux poignées de chips. Peut-être faites-vous encore, ou avez-vous déjà fait, le déplacement pour vivre l'événement au plus près… Sans doute avez-vous déjà établi des tops 10, hésitant à positionner au plus haut cette chanson dans une langue inconnue qui vous a ému aux larmes, ou cette autre, bien plus dansante, portée par une interprète qui a mis le feu sur scène… Si vous avez pris ce livre en main, alors le Concours Eurovision de la chanson vous évoque forcément quelque chose ; un refrain restant en tête, la nostalgie d'un instant, une bulle de bonne humeur, un chanteur dont vous êtes fan ou les frissons de voir la petite histoire d'une chanson rejoindre celle qui s'écrit avec un grand H.

Avec passion et gourmandise, l'équipe du podcast « 12 Points » vous propose de vous plonger dans cette grande malle aux souvenirs. Depuis 2021, Agathe, Thomas, Quentin et Vincent s'attachent chaque mois à décrypter avec humour, érudition et spontanéité ce concours qui fait partie, depuis 1956, du calendrier de la culture populaire européenne.

L'Eurovision est trop souvent considérée, à tort, comme un divertissement kitsch. Ce livre, dans le prolongement de la richesse et de la diversité des thématiques abordées dans le podcast, donne la preuve qu'au-delà des paillettes et des tubes qui ont traversé les générations il est une précieuse boussole pour comprendre les spécificités culturelles et musicales, les tensions géopolitiques et les questions sociétales qui ont traversé et traversent encore les pays qui participent à la compétition.

Alors qu'il existe d'innombrables écrits sur l'histoire de la musique, l'offre en ouvrages francophones consacrés à cette grand-messe annuelle est des plus limitées. Ce livre vient donc combler un manque. Un événement majeur, le plus suivi au monde, hors compétition sportive, depuis près de soixante-dix ans — et ceci malgré les révolutions technologiques, l'apparition des plateformes de streaming, les changements d'habitudes de consommation de la télévision —, ne peut être renvoyé au statut d'anecdote. Quand vous parcourrez ces pages, gardez en tête la force qu'a l'Eurovision pour nous faire vibrer au diapason : de Paris à Chișinău, de Stockholm à Kiev en passant par Athènes, le Concours nous crée collectivement, toutes générations confondues, des souvenirs en sons et en images qui donnent des envies d'encore.

Et, surtout, laissez-vous guider par ces pages que toute l'équipe de « 12 Points » nous délivre. *La petite histoire du grand Concours* nous enseigne tant sur le monde tel qu'il était, est et deviendra, mais aussi sur nous-mêmes.

FABIEN RANDANNE,
Journaliste culture.

SOMMAIRE

EURO VISION

La petite histoire du grand Concours

I.

L'HISTOIRE

Au début de l'Univers, il y a eu le big bang. Puis vint, en 1956, le Concours Eurovision de la chanson. Très installé aujourd'hui dans le paysage audiovisuel international, le programme faillit pourtant bien ne jamais voir le jour !

L'Eurovision, c'est l'aboutissement du travail acharné d'une poignée de femmes et d'hommes visionnaires qui crurent en une nouvelle technologie et un nouveau média : la télévision ! Réunis dans une organisation internationale créée de toutes pièces, pétris d'un idéal pacifiste et d'une ouverture culturelle sans commune mesure, ils donnèrent naissance à l'Union européenne de radio-télévision (UER). À leur manière, ils ont ainsi participé à façonner une partie de la culture populaire de notre continent européen. L'Eurovision n'existerait pas non plus sans les nombreux ingénieurs qui ont œuvré à faire naître un phénoménal réseau international de communication, véritable prouesse technologique à l'époque. Enfin, si l'émission vit toujours ses belles heures aujourd'hui, elle les doit à... Sa Majesté la reine Élisabeth II, qui joua, malgré elle, un rôle crucial dans cette riche histoire.

Aujourd'hui le Concours Eurovision de la chanson est un phénomène planétaire, et, chaque année, le rituel est le même. On recense entre 180 et 200 millions de téléspectateurs à travers le monde entier, auxquels viennent s'ajouter des centaines de millions de vues diverses sur les réseaux sociaux. L'Eurovision, c'est trois shows : une finale et deux demi-finales, chacune répétée quatre fois dans des salles de plusieurs dizaines de milliers de spectateurs où les places, vendues à prix d'or, partent en quelques minutes dès l'ouverture de la billetterie. Le bilan dressé par les autorités à Liverpool, ville hôte du Concours en 2023, est impressionnant : la ville a accueilli plus de 473 000 personnes durant la période concernée, et les retombées économiques pour l'agglomération s'élèvent à quelques millions d'euros.

Le Concours Eurovision de la chanson est la plus ancienne émission de télévision — sa première édition date de 1956. C'est aussi le seul événement non sportif à rassembler autant de téléspectateurs. France Télévisions, pourtant impliquée dans le Concours depuis 1983, s'est elle-même laissé dépasser par l'ampleur du phénomène. Après avoir eu la charge du Concours pour la première fois, Nathalie André, alors directrice des divertissements pour France 2, déclarait ainsi : « Je vous avoue que je suis dans une machine à laver et je ne suis pas sortie du tambour. J'ai vécu quelque chose comme je n'ai jamais vécu de ma vie. Si c'était à refaire, je referais tout le contraire[1]. » Malgré les efforts de la délégation française depuis, il est encore difficile d'effacer dans l'esprit collectif national le procès en ringardise fait à l'émission face à des pays qui ont saisi la balle au bond dès les années 1990. De nombreux pays nordiques, par exemple, ont su faire de ce divertissement l'un des fers de lance de leur économie du divertissement et de la musique. Comment un humble concours de chant est-il devenu l'événement musical mondial le plus attendu de l'année ? Voici l'histoire de l'Eurovision.

1. Média +, interview par Prescilia Sitbon, 4 juin 2015.

Retransmission en direct à Amsterdam du couronnement de la reine d'Angleterre Élisabeth II, le 2 juin 1953

1950 la naissance de l'UER, l'Europe de la télévision

L'union fait la force

L'histoire commence le 12 février 1950. Dans une Europe politique en pleine construction, encore traumatisée par les horreurs de la Seconde Guerre mondiale, naît l'idée d'un continent pacifié, au sein duquel les anciens ennemis se tendraient la main. Il faut « euphémiser les tensions » ! Deux figures y ont particulièrement contribué : le Français Jean d'Arcy (un des dirigeants de la RTF, Radiodiffusion-télévision française, des années 1950) et le Suisse Marcel Bezençon (un des dirigeants importants de la SSR, Société suisse de radiodiffusion et télévision).

Jean d'Arcy, directeur des programmes de la RTF dans son bureau

Dans les années 1950, la télévision en est à ses balbutiements. Quelques hommes visionnaires ont alors l'idée, pour développer plus rapidement et plus puissamment ce nouveau média, de créer une association internationale qui aiderait ses membres à déployer leurs compétences et à résoudre d'éventuelles difficultés techniques : l'UER ou, pour vos exercices de diction, l'Union européenne de radio-télévision. Cette organisation est composée uniquement de membres qui ne représentent pas des États ou des gouvernements (comme peut l'être l'ONU ou l'Union européenne), ce sont des télédiffuseurs publics. Autrement dit, ce n'est officiellement pas la France qui participe au Concours de l'Eurovision ni le Royaume-Uni, mais France Télévisions ou la BBC (British Broadcasting Corporation).

À la pointe de la technologie, la BBC tente très vite de connecter son réseau télévisuel britannique au réseau français, la RTF (Radiodiffusion-télévision française, ancêtre de l'ORTF, Office de radiodiffusion-télévision française), en parallèle de l'UER. Les défis sont nombreux : il faut notamment transmettre le signal au-dessus des 65 kilomètres de la Manche ou encore faire s'adapter les techniques aux normes différentes des deux réseaux. Un premier test technique est réalisé en août 1950 : c'est un succès, la transmission internationale d'un signal télévisé est possible. Ce coup d'essai va être transformé en 1952 en coup de maître, puisque les deux télédiffuseurs vont coopérer pendant une semaine complète et permettre ainsi à leurs téléspectateurs respectifs de voir des dizaines de programmes télévisés en provenance de l'autre côté de la Manche.

2 juin 1953 : le couronnement d'Élisabeth II ou la construction informelle du réseau Eurovision

Le Royaume-Uni et la BBC sont au cœur de la naissance informelle du réseau Eurovision, dont la finalité est la même que le réseau télévisuel franco-britannique testé en 1952. En effet, le premier événement fondateur du réseau Eurovision naît de la volonté de la future reine Élisabeth II. Elle souhaite marquer les esprits en télédiffusant en direct la cérémonie de son couronnement, le 2 juin 1953 dans l'abbaye de Westminster. Malgré la connexion existante entre la France et le Royaume-Uni, le réseau européen n'était pas encore véritablement constitué technologiquement, et une partie des liaisons utilisées pour retransmettre l'événement a été improvisée quelques semaines avant le couronnement ! La liaison initiale franco-britannique, qui permettait au flux vidéo de rejoindre le continent européen, devait se prolonger vers l'est pour rejoindre la Belgique, les Pays-Bas, l'Allemagne de l'Ouest et le Danemark. Pour cela, les réseaux sont liés les uns aux autres pour créer un maillage avec des redondances, des stations de conversion (le signal britannique est sur une fréquence différente du signal français), des sous-stations, etc.

Couronnement de la reine d'Angleterre Élisabeth II, le 2 juin 1953

La maîtrise technique de la BBC est un triomphe : elle démontre que la télévision est un média qui peut captiver les masses pour un événement solennel.

Retransmission en direct à Paris du couronnement de la reine d'Angleterre Élisabeth II, le 2 juin 1953

Il est 10 h 15, heure française, ce 2 juin 1953. C'est la première fois de l'Histoire qu'une émission télévisée est diffusée en direct et en simultané dans six pays (l'Angleterre, la France, la Belgique, les Pays-Bas, l'Allemagne de l'Ouest et le Danemark). L'expression « une émission diffusée *en* Eurovision » est née ! Le succès populaire est incroyable, on estime que sur une population de 36 millions d'habitants au Royaume-Uni, avec 2 millions de postes, environ 27 millions de Britanniques regardent le couronnement. La France ne compte environ que 60 000 postes de télévision, mais, comme en Grande-Bretagne, c'est un événement collectif qui rassemble. On estime à plusieurs millions le nombre de Français qui ont pu voir en direct et en images ce rendez-vous historique.

La maîtrise technique de la BBC est un triomphe : elle démontre que la télévision est un média qui peut captiver les masses pour un événement solennel. Cette vision presque philosophique sera au cœur de la naissance d'un « petit » concours de chansons qui apparaîtra dans le paysage audiovisuel quelques années plus tard.

La fête des Narcisses de Montreux le 6 juin 1954

Juin 1954 : la véritable naissance du réseau Eurovision et de la bourse d'échanges des programmes européens

Quelques mois après le couronnement d'Élisabeth II, le 8 septembre 1953, à la Maison de la télévision de Londres, les télédiffuseurs membres de l'UER se réunissent et décident d'organiser une Semaine européenne de télévision pendant l'été 1954. Chaque pays devra alors produire et diffuser des programmes avec la technologie Eurovision afin qu'ils soient retransmis en simultané par tous les autres membres de l'UER. Le 6 juin de cette année-là, c'est un reportage sur la fête des Narcisses de Montreux, en Suisse, qui constitue la première émission diffusée sur et par le réseau Eurovision.

Progressivement, le nombre de programmes augmente : de 50 en 1954 — représentant environ 75 heures de diffusion —, on passe à 375 (environ 250 heures de diffusion) en 1960. En une quinzaine d'années, le réseau devient plus fiable techniquement et physiquement ; les antennes relais se déploient sur le territoire des membres de l'UER, tout comme les câbles et les transformateurs.

Un document intitulé « Lettre circulaire hebdomadaire » (une sorte de programme télé, comme *Télé Poche* ou *Télé 7 jours* !) est diffusé à l'ensemble des organismes membres et permet aux diffuseurs de connaître les programmes proposés chaque semaine par les autres membres, avec les détails techniques et administratifs nécessaires pour pouvoir, le cas échéant, les retransmettre. Cette bourse

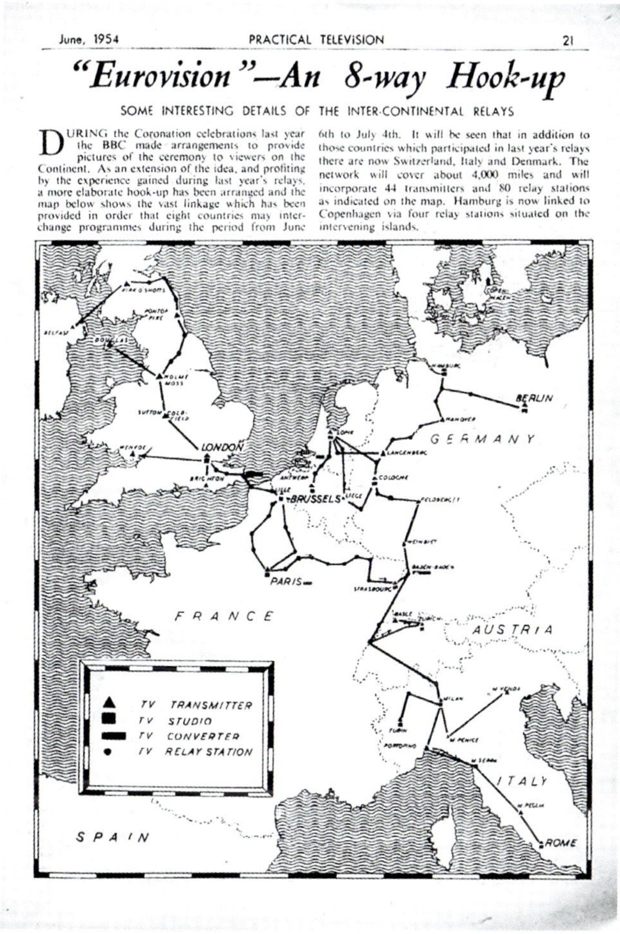

June, 1954 PRACTICAL TELEVISION 21

"Eurovision"—An 8-way Hook-up

SOME INTERESTING DETAILS OF THE INTER-CONTINENTAL RELAYS

DURING the Coronation celebrations last year the BBC made arrangements to provide pictures of the ceremony to viewers on the Continent. As an extension of the idea, and profiting by the experience gained during last year's relays, a more elaborate hook-up has been arranged and the map below shows the vast linkage which has been provided in order that eight countries may interchange programmes during the period from June 6th to July 4th. It will be seen that in addition to those countries which participated in last year's relays there are now Switzerland, Italy and Denmark. The network will cover about 4,000 miles and will incorporate 44 transmitters and 80 relay stations as indicated on the map. Hamburg is now linked to Copenhagen via four relay stations situated on the intervening islands.

Extrait de la revue *Practical Television,* juin 1954, présentant le réseau EUROVISION ayant permis la retransmission du couronnement de la reine Élisabeth II

d'échange constitue l'activité principale de l'UER. Dans les années 1960, les manifestations sportives et les actualités constituent environ 60 % des échanges, contre seulement 5 % pour les programmes religieux. Les programmes culturels (théâtre, opéra, etc.) représentent à peine 15 % des échanges, et les œuvres concernées appartiennent presque toutes à la « culture haute » : les pièces sont très pointues, les concerts présentent des œuvres symphoniques culturellement exigeantes… Enracinés dans la culture élitiste de chaque pays, ces programmes excluent, de fait, une bonne partie du public.

1956 : du réseau Eurovision au Grand Prix Eurovision de la chanson européenne

L'UER réagit rapidement au fiasco des échanges culturels télévisés. En 1955, ses dirigeants entament des discussions pour créer un événement annuel visant un large public, qui ferait la promotion du réseau Eurovision et relancerait la coopération entre les télédiffuseurs européens. Pour cette initiative, l'UER souhaite produire son propre programme télévisé. Plusieurs idées sont développées, mais une seule sera retenue : le Grand Prix Eurovision de la chanson européenne, qui s'inspire largement du Festival de Sanremo, créé en 1951 par la RAI, le télédiffuseur italien.

Le premier Concours est organisé au printemps 1956 en Suisse. La double volonté de gagner en audience et de toucher les classes populaires est alors clairement affichée. Pour autant, l'UER, en élargissant sa focale culturelle, insiste sur le caractère extraordinaire, mais aussi qualitatif et visible, du Concours. Dans l'article 2 du règlement est inscrit : « Ce concours a pour but d'encourager la production de chansons originales de qualité dans le domaine populaire […]. » L'article 7 énonce que cette émission « sera une soirée de gala ».

L'événement a lieu en direct du petit Teatro Kursaal, aujourd'hui détruit, à Lugano. Accompagnés par un orchestre de 24 musiciens, les sept pays participants s'y mesurent dans une (courte) émission d'à peine plus de 1 h 40. Rien ne laisse présager que le Concours sera un phénomène de société des décennies plus tard. Et pourtant : dès la première année, alors que le Concours est principalement diffusé à la radio, faute de téléviseurs présents sur le territoire, l'émission, alors appelée « Grand Prix Eurovision de la chanson européenne », rassemble déjà des millions d'auditeurs et de téléspectateurs sur le continent. La victoire sera offerte à la chanteuse suisse Lys Assia pour son titre « Refrain », tous deux entrés depuis dans l'Histoire. Le succès de l'émission est fulgurant : très rapidement, elle change de nom pour Concours Eurovision de la chanson, ou plus simplement Eurovision en France. Désormais, dans l'imaginaire collectif, « Eurovision » ne désigne plus le fameux réseau technologique (une émission diffusée *en* Eurovision ou *en* Mondovision) ni même cette bourse d'échange des programmes européens (qui existe toujours !), mais exclusivement le Concours de chansons.

De 1956 à nos jours : vers l'Eurovision et au-delà !

Malgré le retentissement du Concours, l'UER et ses membres ne se reposent pas sur leurs lauriers. Dès 1958, les premiers échanges liés aux actualités sont mis à disposition sur le réseau Eurovision. En 1960, pour la première fois, l'UER achète auprès du CIO (Comité International Olympique) les droits de retransmission de l'événement sportif international que sont les Jeux olympiques d'été de Rome. Les télédiffuseurs européens utilisent alors leurs moyens financiers pour faire baisser le prix d'achat des droits de retransmission. Ce rôle d'intermédiaire pour la négociation de ces droits devient une des grandes missions de l'UER, fonction qu'elle exerce encore de nos jours.

Le Concours Eurovision de la chanson gagne, lui, en notoriété chaque année, principalement grâce à l'augmentation du nombre de foyers équipés de téléviseurs en Europe. Voir les pays se connecter aux capitales des uns et des autres en direct pour la distribution finale de points éblouit le grand public. C'est aujourd'hui un moment phare de l'émission et indissociable du programme, qui, bien que moins impressionnant aux yeux des générations actuelles, a contribué à développer l'imaginaire et le rêve d'une société alors avide de progrès.

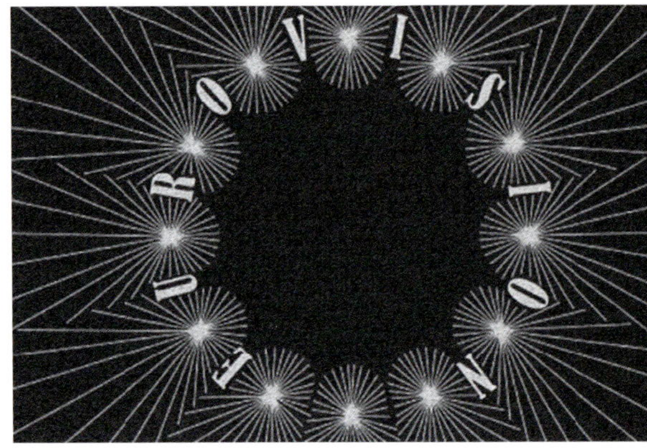

Logo de l'Eurovision 1956

Chaque année, cette grande soirée qu'est l'Eurovision voit croître son audience auprès de toutes les classes sociales. Il est intéressant de noter que les Concours des trois premières décennies étaient de véritables soirées de gala : l'Eurovision, c'est chic. Les salles choisies étaient généralement de prestigieux théâtres, comme le Royal Festival Hall de Londres (en 1961), le Teatro Real de Madrid (en 1969), le Gaiety Theatre de Dublin (en 1971) ou encore le Brighton Dome dans la ville éponyme (en 1974). Sur scène, un orchestre symphonique accompagnait chacune des prestations, à l'instar du Festival de Sanremo. Chaque candidat venait accompagné de son propre chef d'orchestre et le public était composé d'un grand nombre de diplomates, membres de gouvernements, hauts fonctionnaires, responsables de médias de l'Europe entière, grands noms de l'industrie musicale et artistes célèbres. On y venait sur invitation et surtout pour se faire voir, comme à l'opéra. Dames et messieurs sont ainsi tous très bien habillés. Ça brille, ça scintille, le Concours est prestigieux, car coûteux ou l'inverse, mais une chose est sûre : le public est là.

En 1965, France Gall gagne pour le Luxembourg le Concours Eurovision avec sa chanson « Poupée de cire, poupée de son ». C'est la première fois que la compétition est remportée par une chanson pop et cette victoire signe le début d'un changement d'ère pour le Concours. Sa popularité ne cesse de grandir, et le nombre de pays participants avec.

FUN FACT

L'UER lance de multiples franchises eurovisionesques, avec plus ou moins de succès :

- **en 1965, « Jeux sans frontières »**
- **en 1982, le « Concours Eurovision des jeunes musiciens »**
- **en 1985, le « Concours Eurovision des jeunes danseurs »**
- **en 2003, le « Concours Eurovision de la chanson junior »**
- **depuis 2017, « Chœur Eurovision »**

Lys Assia, gagnante représentant la Suisse en 1956 dans son pays à Lugano

ABBA, gagnants représentant la Suède en 1974 à Brighton, Royaume-Uni

La victoire d'ABBA, en 1974, avec la chanson « Waterloo » est un raz-de-marée populaire.

On passe, sur la première décennie d'existence du Concours, d'une dizaine de participants à une vingtaine dès les années 1970. La victoire d'ABBA, en 1974, avec la chanson «Waterloo» est un raz-de-marée dans l'industrie musicale. Le Concours est un vecteur de succès fous. Dans les années 1980, le show prend de l'ampleur avec la couleur. C'est la fin de l'ambiance classique et feutrée des beaux théâtres, avec une moyenne de 1900 sièges: place aux grandes salles et aux scènes de concert avec désormais des jauges de 6 450 spectateurs.

De nos jours, tout est encore plus grand: le spectacle se tient désormais dans des arénas de 16 000 places en moyenne.

Un événement que le public s'approprie

L'Organisation générale des amateurs de l'Eurovision (OGAE), plus grand fan-club de l'Eurovision, voit le jour en 1984 en Finlande. Indépendante de l'UER, cette organisation à but non lucratif est le fan-club ultime pour toutes celles et tous ceux qui vivent et respirent le Concours Eurovision de la chanson dans le monde entier. Mais ce n'est pas qu'un simple fan-club, l'OGAE est une structure internationale aujourd'hui composée de 44 clubs nationaux, un pour chaque pays participant, auxquels s'ajoute une structure OGAE «Reste du monde» pour les autres fans de l'Eurovision. Chaque section fonctionne de manière indépendante tout en étant connectée à l'organisation mère. On recense ainsi plusieurs dizaines de milliers d'adhérents à travers le monde, qui sont autant d'ambassadeurs du programme pour l'UER. Ainsi, année après année, les équipes de direction de l'Eurovision ont pu capitaliser sur ces prescripteurs pour promouvoir et développer l'événement. Être membre d'une OGAE, c'est aussi participer à divers événements

L'Eurovision Village à Liverpool au Royaume-Uni en 2023

autour du Concours, comme l'OGAE Poll, un sondage annuel où les membres de chaque entité nationale votent pour leurs chansons préférées (un peu comme un mini-Eurovision avant l'heure). Même quand une star participe au Concours, les délégations nationales s'impliquent et offrent aux OGAE l'opportunité de rencontres exclusives avec leurs représentants. Par exemple, en 2024, alors qu'aucune conférence de presse était organisée avec Slimane, les fans ont eu l'opportunité d'échanger avec lui quelques semaines avant le Concours grâce à l'OGAE.

La « semaine sainte », celle de la diffusion du Concours, est l'apogée de l'engouement des fans. Lorsque le pays gagnant choisit sa ville hôte pour accueillir le Concours, après un processus concurrentiel puissant entre les grandes villes nationales, celle-ci annonce alors le programme des festivités. EuroVillage, EuroClub, EuroStreet, EuroConcerts... l'Eurovision est une fête gigantesque des jours durant et est idéale pour attirer les milliers de visiteurs internationaux venus festoyer. Vous n'avez pas réussi à avoir de place pour l'aréna ? L'Eurovision Village, la fan zone, vous offre l'opportunité de vivre le Concours comme si vous y étiez ! À Liverpool, la capacité du village en 2023 était de 25 000 personnes ! Pour les fans comme pour les artistes, c'est l'occasion de partager le plaisir d'être ensemble en musique. Ainsi, sur de nombreuses scènes, on retrouve d'anciens participants qui viennent chanter leurs tubes pour le plus grand bonheur de toutes et de tous. On y retrouve régulièrement les plus grandes stars de l'Eurovision, telles que Conchita Wurst ou encore Loreen. Envie de sortir le soir ? Des EuroClub sont là pour vous faire danser toute la nuit aux sons exclusifs des chansons de l'Eurovision. Envie de vous balader en musique ? Les EuroStreet sont des allées passantes parées des couleurs de l'Eurovision, où l'esprit de la musique fait loi. Difficile de ne pas croiser de ressortissants étrangers sans leur drapeau, de boire un verre en terrasse sans que le bar ne diffuse des musiques de l'Eurovision. Si vous avez envie de vivre une fête européenne dans la joie, le partage et la bienveillance, n'hésitez plus. Vivre l'Eurovision sur place est une expérience unique.

Le concours de chant se transforme en grand spectacle : les pays ne présentent plus des chansons mais des performances scénographiées au millimètre.

Kati Wolf représentant la Hongrie en 2011 à Dusseldorf, Allemagne

Une fête qui grandit

Avec un public qui se développe et des fans qui se structurent, le Concours ne cesse de grandir et de devenir une émission... à rallonge.

Avec une participation moyenne de 25 pays les soirs de grande finale, l'émission en direct reste l'une des plus longues du paysage audiovisuel, avec une moyenne de 4 heures de diffusion. Les différentes productions tentent chaque année de réduire la durée de celle-ci, mais cela semble impossible. Alors, pour ne pas perdre de téléspectateurs sur la durée, il n'y a qu'une seule clé : faire le show ! Le concours de chant se transforme en grand spectacle : les pays ne présentent plus des chansons mais des performances scénographiées au millimètre et à la seconde près et, avouons-le, plus ou moins bien réalisées.

Les performances sont faites pour impressionner les téléspectateurs. Dans le public, une fosse debout fait son apparition dans les années 2000 pour rendre le tout encore plus effervescent. On y hurle, on applaudit, on hue, on danse avec les bras, on secoue le drapeau de son pays. Quand l'Allemagne accueille l'Eurovision en 2011, c'est Düsseldorf qui est la grande élue et, pour impressionner le monde entier, c'est sans demi-mesure que l'organisation du Concours se fait dans l'Esprit Arena, un stade couvert de plus de 54 000 places ! Un record absolu encore aujourd'hui.

Le Concours Eurovision prend une autre tournure dans les années 2000 et s'adapte au monde qui l'entoure : à l'instar des téléréalités naissantes, le public est directement mis à contribution. Les téléspectateurs se substituent aux jurys professionnels, qui disparaissent, et ils votent avec leur téléphone pour la première fois en direct en 1999. C'est une révolution ! Pour gagner, il faut à présent marquer les esprits. Cela donne lieu à des prestations parfois loufoques et ringardes qui connotent le programme encore de nos jours. Pour pallier ces excès de kitsch, c'est le retour des votes du jury en 2009. Ils restent aujourd'hui présents et contribuent à 50 % dans l'attribution des points en finale.

Un autre tournant important est celui de l'arrivée dans le Concours, après la dislocation du bloc soviétique, de dix nouveaux pays : l'Arménie, l'Azerbaïdjan, la Biélorussie, l'Estonie, la Géorgie, la Lituanie, la Lettonie, la Moldavie, la Russie et l'Ukraine. Le programme s'étire encore... mais l'UER réagit et instaure des demi-finales : une seule en 2004, puis une seconde en 2008. Elles se tiennent les mardi et jeudi précédant le samedi soir de la grande finale. Seuls cinq pays sont dispensés de concourir dans ces sélections : la France, l'Italie, l'Espagne, le Royaume-Uni et l'Allemagne, communément appelés le « Big Five ». Principaux contributeurs financiers de l'UER, ils ont d'office leur rond de serviette pour la finale.

Accueillir l'Eurovision coûte cher : les récentes estimations font état d'une moyenne d'investissement entre 20 et 35 millions d'euros selon les années, mais les retombées économiques et touristiques peuvent être incroyables pour le pays et la ville hôtes. Turin, en 2022, a annoncé un impact positif de 100 millions d'euros ! Dont 23 millions d'euros provenant du tourisme local et 66 millions d'euros correspondant à la valeur d'une dépense équivalente en publicité internationale. Le président de la région du Piémont, Alberto Cirio, a d'ailleurs fait la déclaration suivante quant à l'impact économique de l'accueil de l'Eurovision 2022 : « Ces données sur les répercussions qu'a eues l'Eurovision sont la démonstration de pourquoi nous choisissons d'investir dans des événements majeurs comme moteur touristique et économique et comme outil pour promouvoir la beauté et l'excellence de notre territoire. Une campagne de communication valant des dizaines de millions d'euros aurait été nécessaire pour obtenir une couverture médiatique telle que celle que l'Eurovision a apportée au Piémont, et cela est démontré par le fait que d'autres pays ont acheté des espaces promotionnels pour avoir de la visibilité lors de l'événement de Turin. [...] Il y a aussi les succès qui se manifestent au fil du temps, résultat du bouche à oreille et de la force d'une destination qui entre dans l'imaginaire du public international[2]. »

En 2023, le maire de Liverpool a annoncé des recettes touristiques de 63 millions d'euros (pour un investissement de la région dans le programme estimé entre 20 et 25 millions d'euros, en plus de l'apport de la BBC) grâce au Concours ; 473 000 personnes ont participé aux différents événements sur place, dont 306 000 étaient étrangères à la métropole. Liverpool a comptabilisé ainsi près de

2. Agenzia Nova, 30 janvier 2023

175 000 nuitées d'hôtel en plus sur la période par rapport à la normale ! Quelques 250 000 personnes sont venues à l'Eurovision Village, auxquelles il faut ajouter les centaines de musiciens, de groupes, de chorales et d'associations qui ont joué sur les scènes et dans les rues de Liverpool pendant les deux semaines de l'événement.

En 2011, quand l'Azerbaïdjan a remporté l'Eurovision avec la chanson « Running Scared » interprétée par Ell & Nikki, la question de son organisation l'année suivante s'est posée. En effet, remporter le Concours ne signifie pas forcément qu'il faut l'organiser sur son territoire. Faute d'envie ou de budget, l'organisation peut très bien échoir à un autre pays. À l'époque, l'Azerbaïdjan ne disposait pas de structure adaptée à l'ampleur de l'événement. Le pays a alors réalisé une prouesse en faisant sortir de terre en un temps record le Baku Crystal Hall. Construite d'août 2011 à avril 2012, cette aréna *indoor* de 25 000 places fut inaugurée par le lancement du Concours, le 22 mai, quelques semaines seulement après l'achèvement des travaux. L'Azerbaïdjan a dépensé sans compter pour s'exposer au monde et se faire connaître sur la scène géopolitique mondiale. L'édition 2012 est à ce jour la plus chère de l'histoire du Concours : la construction de l'aréna aurait coûté plus de 100 millions d'euros, auxquels se seraient ajoutés entre 60 et 70 millions d'euros de frais d'organisation. Elle fut aussi celle des polémiques, le projet ayant vu le jour au prix d'expropriations et d'une répression sévère orchestrée par le régime en place.

L'Azerbaïdjan a dépensé sans compter pour s'exposer au monde et se faire connaître sur la scène géopolitique européenne.

Les *pre-parties*

La demande autour de l'Eurovision est telle que de nombreuses villes ont voulu, à défaut de remporter la mise, profiter de cette effervescence pour dynamiser le tourisme local et profiter d'un moment musical fédérateur digne des plus grands festivals. C'est ainsi que sont nées, dans les années 2000, les *pre-parties* (prononcez « *prwi pawrtiz* ») ou les célébrations pré-Eurovision. Ainsi, dans le mois qui précède le Concours, ont lieu dans toute l'Europe de nombreuses soirées où les fans viennent découvrir et applaudir les futurs compétiteurs, qui eux profitent de l'aubaine pour assurer leur prestation et travailler leur rapport au live. Des marathons ont lieu tout le mois d'avril et les *pre-parties* s'enchaînent de week-end en week-end entre Londres, Amsterdam, Madrid, Stockholm, Barcelone, Tel-Aviv, Copenhague, etc. De ces soirées naissent les premières estimations des parieurs, qui revoient instantanément leur jugement quant au gagnant potentiel de l'édition à venir, contribuant énormément à faire monter l'attente du Concours et son ébullition.

De très nombreux médias-fans analysent et décortiquent le Concours pour comprendre les enjeux et les bienfaits que celui-ci peut apporter tout au long de l'année. On retrouve chez les passionnés une vue du Concours digne des plus grandes rencontres de matchs de football. L'Eurovision pourrait très bien se comparer en termes de rayonnement aux Jeux olympiques de la chanson populaire. Les pays sélectionnent leurs champions via des émissions locales ou des castings nationaux, puis écrivent la chanson, la travaillent, la présentent aux publics européens pour l'améliorer, quelques semaines avant le Concours, et entrent ensuite dans l'aréna sous les hourras d'un public prescripteur de la plus grande manifestation musicale au monde.

Une scène qui accueille les plus grandes stars

Au-delà des représentants des pays, qui peuvent parfois être des célébrités, l'Eurovision a vu les plus grandes stars de la planète fouler ses planches lors des Interval Acts, ces moments où le public dispose d'une trentaine de minutes pour élire le gagnant. Trente minutes d'attente peuvent sembler longues pour le spectateur, alors à la télé, il faut combler ! Fort du succès de l'émission, c'est dans l'euphorie la plus totale que nous avons ainsi pu voir bon nombre de groupes et d'artistes internationaux chanter en direct : Aqua en 2001 à Copenhague, Justin Timberlake en 2016 à Stockholm, Madonna en 2019 à Tel-Aviv, Mika et Laura Pausini à Turin en 2022…

Et l'Australie dans tout ça ?

Une des questions les plus récurrentes que toute personne qui affectionne particulièrement le Concours se voit poser en réunion de famille est celle concernant la participation

Justin Timberlake durant sa performance à l'entracte de l'Eurovision 2016 à Stockholm, Suède

de l'Australie au Concours Eurovision de la chanson. Avouons que, sur le papier, la présence de ce pays-continent est quelque peu saugrenue. Comment un pays géographiquement positionné à l'opposé de l'Europe sur le globe a-t-il pu intégrer le Concours ? La raison est simple : le public australien est l'un des plus friands du Concours à l'international. En 2015, pour commémorer les 60 ans de l'Eurovision, l'UER et l'Autriche, hôte du Concours cette année-là, ont donc proposé au pays de participer… une invitation renouvelée chaque année depuis !

Phénomène mondial, l'Eurovision fait des émules, notamment aux États-Unis, qui ont cherché pendant des années à adapter le Concours : « American Song Contest », animé par Kelly Clarkson et Snoop Dogg, voit le jour en 2022. Malheureusement, l'identité culturelle propre au melting-pot européen et la magie d'une organisation vieille de plus d'un demi-siècle font cruellement défaut à la version américaine qui, faute d'audience, n'est pas renouvelée après deux mois de compétition sur NBC.

Quoi qu'il en soit, le concept plaît et la marque Eurovision est aujourd'hui plus que jamais vectrice de joie et de bonne humeur entre les peuples. Les versions internationales du Concours sont d'ailleurs aujourd'hui officiellement dans les cartons et prêtes à conquérir les téléspectateurs du monde entier : l'Eurovision Song Contest Latin America et l'Eurovision Song Contest Canada. Amis parieurs et fans de musique : non, l'Eurovision n'est pas près de s'arrêter.

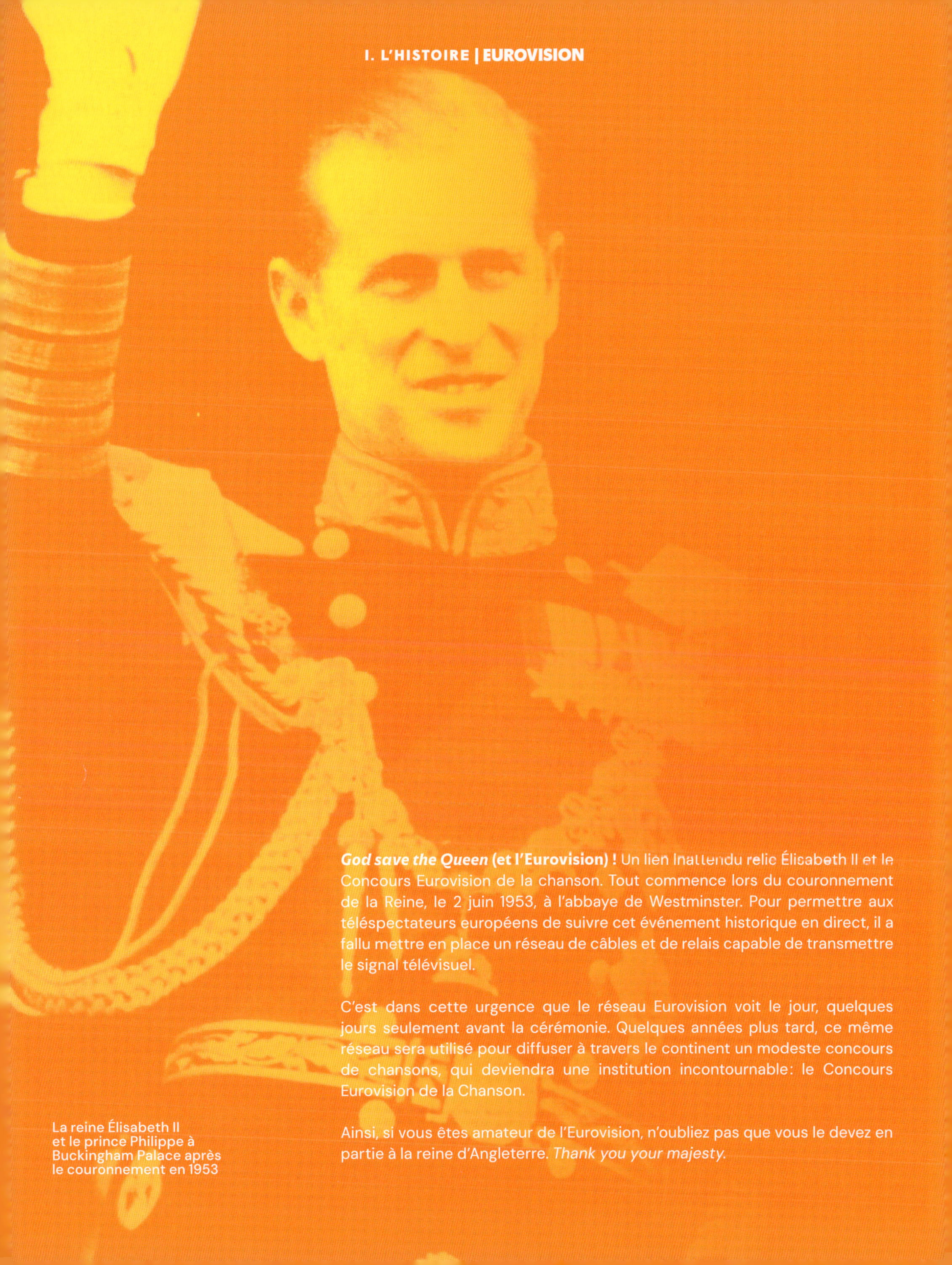

***God save the Queen* (et l'Eurovision) !** Un lien inattendu relie Élisabeth II et le Concours Eurovision de la chanson. Tout commence lors du couronnement de la Reine, le 2 juin 1953, à l'abbaye de Westminster. Pour permettre aux téléspectateurs européens de suivre cet événement historique en direct, il a fallu mettre en place un réseau de câbles et de relais capable de transmettre le signal télévisuel.

C'est dans cette urgence que le réseau Eurovision voit le jour, quelques jours seulement avant la cérémonie. Quelques années plus tard, ce même réseau sera utilisé pour diffuser à travers le continent un modeste concours de chansons, qui deviendra une institution incontournable: le Concours Eurovision de la Chanson.

Ainsi, si vous êtes amateur de l'Eurovision, n'oubliez pas que vous le devez en partie à la reine d'Angleterre. *Thank you your majesty.*

La reine Élisabeth II
et le prince Philippe à
Buckingham Palace après
le couronnement en 1953

II. LA FRANCE

Nous pourrions comparer l'histoire de la France dans le Concours de l'Eurovision à un script d'une formidable telenovela. Ils s'aiment, se détestent, se rabibochent, se quittent, puis s'aiment de nouveau jusqu'au prochain orage. Amour, passion, scandales, performances et désaveux, notre pays a traversé les décennies dans le Concours sous tous les prismes. Malgré ce que l'inconscient collectif nous force à croire, Marie Myriam n'a pas été la seule Française à remporter le trophée! Depuis 1956, la France a remporté l'Eurovision cinq fois. Notre pays s'est même maintenu dans la fourchette haute du classement jusqu'aux années 2000, où on note une légère, voire notable, ou, disons-le plutôt franchement, sacrée dégringolade dont on se relève depuis quelques années maintenant, avec courage. Véritables stars ou parfaits inconnus, le choix de nos représentants est le reflet de stratégies de participation diverses: tirage arbitraire, concours télévisé national visant à permettre aux Français de choisir leur représentant, véritable envie de gagner ou, au contraire, volonté assumée de rester dans le bas du classement (pour ne pas avoir à organiser le Concours l'année suivante, comme l'a avoué Yves Bigot, ancien patron des divertissements de France 2 lors d'un passage dans l'émission « C médiatique » en 2023)... Retenons toutefois que l'Eurovision a toujours été un événement plébiscité par les téléspectateurs français, son audience étant chaque année dans le top des programmes de divertissement toutes chaînes confondues. Une question reste cependant sur toutes les lèvres: qui prendra enfin la relève de Marie Myriam, dernière gagnante tricolore pour la France avec sa chanson « L'Oiseau et l'Enfant » en 1977?

Slimane représentant la France
en 2024 à Malmö en Suède

LES ANNÉES 1950

Les années 1950 marquent la naissance du Concours Eurovision. Après-guerre, l'émission a parmi ses objectifs d'apaiser les tensions et de recréer une certaine unité en offrant aux téléspectateurs européens l'opportunité de s'ouvrir à la culture de la chanson populaire de leurs voisins.

Le gagnant André Claveau représentant la France (à droite) accompagné de la présentatrice Hannie Lips (au centre) et du chef d'orchestre Franck Pourcel (à gauche) en 1958 à Hilversum, Pays-Bas

Côté musique, en France, c'est l'âge d'or des chanteuses et des chanteurs à voix et à texte : Édith Piaf, Georges Brassens, Charles Aznavour, Barbara... des noms qui sont devenus des monuments de la chanson française.

De nos jours, on entend souvent qu'il existe un décalage entre l'actualité de la musique populaire en France et les chansons qui sont envoyées pour nous représenter à l'Eurovision. Cet adage ne trouve pourtant pas son exemple dans les premières années du Concours, où les participants et les participantes s'inscrivent dans la droite lignée de ce qui plaît pour l'époque.

En 1956, les règles sont uniques. Seuls sept pays participent au Concours : la France, l'Allemagne, la Suisse, la Belgique, les Pays-Bas, le Luxembourg et l'Italie. Pour lancer cette soirée de gala avec un peu plus d'envergure, on demande alors à chaque pays participant de venir présenter non pas une mais deux chansons. La France viendra alors pour la première fois sur la première scène du Concours avec deux artistes féminines.

Tout d'abord avec Mathé Altéry, jeune chanteuse alors âgée de 29 ans, fille du ténor Mario Altéry. Mathé est déjà une personnalité reconnue dans le pays, avec un album à son actif. Elle interprète ce soir-là de sa voix cristalline « Le Temps perdu », une ballade dans un style très inspiré du film d'animation *Blanche-Neige*, et qui parle de l'être aimé absent, dont la jeune femme attend désespérément le retour. Malheureusement, l'Histoire ne nous révèle pas à quelle place a terminé Mathé dans le classement, les scores de l'année 1956 n'ayant jamais été communiqués et restant à ce jour un mystère. Sans avoir gagné le Concours, la carrière de la jeune femme continue néanmoins, et elle s'inscrira notamment dans le patrimoine culturel français comme la voix de Julie Andrews dans *La Mélodie du bonheur* et celle d'Audrey Hepburn dans *My Fair Lady*.

Avec la chanson « Dors, mon amour », le chanteur, dans cette délicate berceuse, incite l'être aimé à dormir pendant qu'il médite sur son amour au milieu de la nuit.

Dany Dauberson est la deuxième chanteuse à se présenter. Star montante de l'époque, elle est aussi une figure lesbienne des années 1950 qui s'est notamment produite au cabaret de Suzy Solidor, à Paris. Elle commence sa carrière en reprenant les tubes d'Édith Piaf et de Gilbert Bécaud un peu partout, mais verra surtout sa notoriété grandir dans les années 1960 après de nombreux passages sur les plateaux télé en France, au Royaume-Uni ainsi qu'aux États-Unis. Aussi, pour la première édition du Concours, elle présente la chanson « Il est là » avec une belle voix grave, qui raconte la fuite impossible d'une femme face à l'amour qui prend toute la place dans sa vie.

1958 | La star André Claveau, surnommé « le Prince de la chanson de charme », offre sa première victoire à la France au Concours Eurovision de la chanson. Ce chanteur de charme n'a plus rien à prouver en matière de charisme et de voix. Bien qu'il se soit fait bannir en 1944 et 1945 des ondes radiophoniques après des accusations de collaboration pendant la guerre, André Claveau continue de faire rêver les jeunes femmes.

En envoyant un artiste reconnu sur la scène de l'Eurovision, la France témoigne de son ambition de victoire. Avec la chanson « Dors, mon amour », le chanteur, dans cette délicate berceuse, incite l'être aimé à dormir pendant qu'il médite sur son amour au milieu de la nuit. Une chanson sans doute à double signification, car pour beaucoup elle est la première à évoquer le message subliminal de l'aveu de l'homosexualité de l'artiste.

LES ANNÉES 1960

L'actrice et présentatrice anglaise Katie Boyle (à gauche) avec Jacqueline Boyer, gagnante représentant la France en 1960 à Londres, Royaume-Uni

Dans les années 1960, on danse, on chante, et la télévision s'invite dans de plus en plus de foyers. C'est l'avènement des yéyés sur les ondes françaises. Sheila, Sylvie Vartan, Eddy Mitchell, Johnny Hallyday et tant d'autres déchaînent les foules et, côté Eurovision, cette décennie marque celle du nombre de victoires le plus important pour la France.

1960 | Jacqueline Boyer, fille de la célèbre Lucienne Boyer connue notamment pour avoir interprété l'iconique chanson « Parlez-moi d'amour », arrive en second choix pour représenter la France. Sa chanson « Tom Pillibi » avait d'abord été écrite et composée par Pierre Cour et André Popp pour la star Marcel Amont. Celui-ci s'est désisté quelques mois avant le Concours, laissant alors l'opportunité à la jeune Jacqueline de se substituer aisément à l'interprétation. Avec sa voix cristalline, contre toute attente elle permet donc à la France de gagner son deuxième trophée au grand Concours Eurovision.

N'ayant cependant pas pris le soin d'adapter le genre de toutes les paroles en fonction de son interprète, de sa bouche la chanson « Tom Pillibi » peut s'interpréter comme l'histoire d'une jeune fille qui tombe sous le charme d'un homme et se fait berner par ses mots, lui qui collectionne les conquêtes. Il avait les mots, Tom Pillibi.

À la suite de sa victoire, la chanson fait le tour de l'Europe et caracole en tête des charts en Espagne, en France, en Belgique et aux Pays-Bas. Classée 33e au UK Singles Chart, la chanson est même reprise et enregistrée dans une version anglaise par la célèbre Julie Andrews.

1962 | Seulement deux ans après sa deuxième victoire, la France remporte son troisième trophée grâce à une jeune chanteuse alors inconnue : Isabelle Aubret.

Avec « Un premier amour », écrite et composée par Roland Valade et Claude-Henri Vic, Isabelle Aubret offre une interprétation bouleversante de ce qu'un premier amour fait comme effet sur les amoureux et quelles marques indélébiles il laisse sur le cœur. Les yeux bleus remplis de larmes, elle émeut son auditoire avec cette ballade ethnique au son du tam-tam. Grâce à Isabelle Aubret, on s'écarte d'un simple concours de chant, puisqu'elle y ajoute ce petit quelque chose en plus qui fait tout : l'interprétation.

Elle revient pour la France au Concours Eurovision en 1968 avec la chanson « La Source », mais ne connaît pas la même chance et finit 3e du classement.

Isabelle Aubret,
pochette de l'album
Rêve, mon rêve

La décennie des yéyés se termine avec la chanteuse Frida Boccara, qui permet à la France de devenir le premier pays gagnant de l'Eurovision avec quatre victoires.

1969 | La décennie des yéyés se termine avec la chanteuse Frida Boccara, qui permet à la France de devenir le premier pays gagnant de l'Eurovision avec quatre victoires. C'est pourtant une année charnière pour le Concours puisqu'à l'issue des résultats quatre pays sont à égalité : les Pays-Bas, l'Espagne, le Royaume-Uni et la France. Les règles du Concours n'ayant pas été prévues pour une telle situation, ils sont tous déclarés vainqueurs.

La jeune Frida a 29 ans quand elle arrive sur la scène de l'Eurovision à Madrid pour interpréter sa chanson « Un jour, un enfant », fruit de sa collaboration avec le parolier Eddy Marnay, qui l'accompagne sur tous ses succès. À l'époque, elle a déjà une carrière bien implantée en France et a déjà travaillé avec les plus grands, dont le compositeur de génie Michel Legrand.

Cette ballade raconte la beauté du monde vue au travers des yeux d'un enfant, que Frida nous livre de sa voix chaude et puissante. La légende raconte que la jeune chanteuse était très malade le soir de la finale et qu'elle aurait eu recours à quelques substances illicites afin de tenir debout... Mais, comme dit le proverbe, « comme le vin, les légendes réjouissent le cœur de l'homme ».

LES ANNÉES 1970

Frida Boccara, gagnante ex æquo représentant la France en 1969, célèbre sa victoire avec le chanteur Serge Lama à Madrid, Espagne.

Hymne à l'amour et l'innocence, « L'Oiseau et l'Enfant » est désormais indissociable de la légendaire victoire de Marie Myriam à l'Eurovision 1977 pour la France. Elle côtoie dans les années 1970 les plus grands noms de la variété française, qui résonnent encore si fort aujourd'hui : Michel Sardou, Dalida, Sheila, Marie Laforêt, Michel Polnareff, Daniel Balavoine… Dans le Concours, la France se distingue principalement sur trois années.

1971 | Le Concours se déroule cette année-là à Dublin après la victoire de Dana l'année passée pour l'Irlande avec sa chanson « All Kinds of Everything ». La délégation française s'y rend en compagnie d'un chanteur bien connu encore aujourd'hui : Serge Lama, venu interpréter la chanson « Un jardin sur la Terre ». Ce titre, écrit par Alice Dona (la mère de Raphaëlle Ricci, dite « Raphie », pour les aficionados des premières « Star Academy »), est présent sur son album *Superman*. Il propulse les ventes et fait décoller la notoriété de l'artiste, âgé alors de 28 ans.

Sur la scène de l'Eurovision, Serge Lama se présente en costume noir à pattes d'eph, sourcils XXL, coiffure à la Mireille Mathieu. La chanson évoque l'envie de fuir son quotidien pour trouver un éden où tout serait apaisé. Poussé par son entourage à y participer, Serge Lama rapporte dans de nombreuses interviews qu'il n'était pas emballé par l'Eurovision et par la chanson qu'on lui demandait d'interpréter : « Alors que sur cette scène je perdais tout, puisque je suis arrivé 10e, tout d'un coup, sans le savoir, je gagnais tout, puisque j'ai rencontré deux personnes importantes. Alice Dona (avec qui il écrira plus tard son tube "Je suis malade") en premier lieu et Jean-Claude Petit, qui a fait les arrangements du disque rouge, qui est le disque mythique de ma carrière. »

1974 | C'est une année particulière, puisque c'est la première année où la France ne participe pas à l'Eurovision.

C'est pourtant la regrettée Dani qui était prévue pour chanter sous la bannière tricolore. À l'époque bien connue du public français, sa carrière est en pleine ébullition après des spectacles dans les plus grandes salles parisiennes. Elle est choisie lors d'un concours interne qui l'oppose (entre autres) à Nicole Croisille pour représenter la France au Concours.

L'auteure-compositrice Christine Fontane lui écrit la chanson « La Vie à 25 ans », une ballade entraînante qui parle de la liberté des jeunes gens, en contradiction avec l'éducation stricte reçue de ses parents. Une douce subversivité berce la chanson.

La chanteuse Dani en 1974

Nicole Rieu représentant la France en 1975 à Stockholm, Suède

Le deuil national est déclaré, la France annule sa participation au Concours Eurovision et Dani est rapatriée illico.

Le 2 avril, pendant que Dani est à Brighton pour les répétitions du Concours, un drame national se passe de l'autre côté de la Manche : le président français Georges Pompidou décède des suites d'une longue maladie. Le deuil national est déclaré, la France annule sa participation au Concours Eurovision et Dani est rapatriée illico. La date des obsèques est fixée au 6 avril, jour de la finale du Concours, qui ne sera même pas diffusé sur les postes de télévision français.

La France propose l'année suivante à Dani de concourir à nouveau. La jeune chanteuse veut imposer la chanson que lui a spécialement écrite Serge Gainsbourg, « Comme un boomerang ». Les paroles sont jugées trop tendancieuses et la chanson est refusée. Dani se plie alors au traditionnel concours de sélection avec une chanson de Christine Fontane, « Paris paradis », mais laisse sa place à sa rivale Nicole Rieu, qui présente son titre « Et bonjour à toi l'artiste ».

Marie Myriam, gagnante représentant la France en 1977 à Londres, Royaume-Uni

« Jean-Paul Cara se plante devant moi et me dit : "Mademoiselle vous avez une voix extraordinaire, je vous emmène à l'Eurovision." »

1977 | Marie Myriam — « L'Oiseau et l'Enfant ». La dernière victoire en date de la France. « C'était une autre Eurovision, mon Eurovision », confie Marie Myriam, les yeux pleins de nostalgie, au micro de « 12 Points — le Podcast qui décrypte l'Eurovision », le 5 décembre 2022.

Née au Congo belge, Marie Myriam, d'origine portugaise, arrive sur le sol français à 5 ans. Ses parents tiennent à l'époque un restaurant, où Amália Rodrigues (une grande chanteuse portugaise) vient régulièrement manger. La petite fille baigne dans la musique traditionnelle portugaise, notamment le fado.

Elle suit des cours de chant lyrique de ses 16 à ses 18 ans, mais est passionnée par la musique brésilienne et le jazz. « Mon rêve, c'était de devenir Judy Garland », explique-t-elle.

Un midi, Jean-Paul Cara (compositeur de « L'Oiseau et l'Enfant ») déjeune dans le restaurant familial et entend chanter Marie Myriam, qui avait pour habitude de faire ses gammes dans la cave avec son orgue. Elle se souvient : « Jean-Paul Cara se plante devant moi et me dit : "Mademoiselle vous avez une voix extraordinaire, je vous emmène à l'Eurovision." »

Elle qui avait pour habitude de regarder l'Eurovision avec sa petite sœur, en admiration devant l'Italienne Gigliola Cinquetti, c'est elle qui se retrouvera sur la grande scène. Tout s'accélère pour la jeune femme de 19 ans. Elle remporte le concours de sélection pour représenter la France à l'Eurovision. La grève de la BBC faisant rage, le Concours Eurovision est décalé d'un mois, ce qui permet à Marie Myriam de répéter davantage. « Jean-Paul Cara voyait des signes partout, il ne cessait de dire : "Tu te rends compte, la finale c'est le 7 mai, la veille de ton anniversaire, tu auras 20 ans en plus, c'est sûr, on va gagner !" »

En face d'elle, cette année-là, de grands noms : Michèle Torr pour Monaco, Mia Martini pour l'Italie, Silver Convention pour l'Allemagne, Lynsey de Paul et Mike Moran pour le Royaume-Uni... La barre est haute.

Pendant les répétitions, elle fait face à un problème : la chanson est trop longue de 8 secondes, le timing étant limité à 3 minutes. Plutôt que de couper, le tempo de la chanson est tout simplement accéléré. Elle raconte, amusée : « À la fin de la chanson, on peut voir que je suis complètement essoufflée ! »

Jean-Paul Cara ne s'est pas trompé : le 7 mai 1977, Marie Myriam remporte le grand Concours Eurovision, offrant sa cinquième et dernière victoire à ce jour à la France. « Après ma victoire, ça a été un tourbillon pendant un an. Dès que la chanson montait dans les hit-parades, j'allais dans les pays européens pour chanter dans les émissions de variétés. Je garde un merveilleux souvenir de tout ça. C'est ce qui a lancé ma carrière et j'en suis très reconnaissante », conclut-elle. Un bel exemple du tremplin qu'est le Concours Eurovision.

LES ANNÉES 1980

D'un côté, les années 1980 sont celles où l'on se déhanche, on vogue ou on *moonwalke* dans une certaine insouciance, mais aussi celles pendant lesquelles on affronte de véritables drames sociétaux tels que la découverte du VIH, le contre-choc pétrolier, la famine en Afrique… Pendant qu'aux États-Unis les plus grandes stars se regroupent pour chanter « We Are the World », c'est sur les ondes françaises que Michel Berger et France Gall, couple engagé, créent la chanson « Babacar », pour ouvrir les consciences autour de la précarité d'une femme sénégalaise qui leur demande d'élever son enfant. La musique, à cette époque, porte des messages engagés… Quid de l'Eurovision ?

Le groupe Profil pour la France à l'Eurovision en 1980 chantant « Hé, Hé, m'sieurs dames »

1981 | Jean Gabilou — « Humanahum ». La France nous en offre un parfait exemple cette année-là en envoyant le titre « Humanahum », interprété par Jean Gabilou (composé par Jean-Paul Cara et écrit par Joe Gracy, le duo qui a fait gagner Marie Myriam avec « L'Oiseau et l'Enfant »). Cette chanson parle de l'avenir inquiétant de notre planète… Comme quoi, ça ne date pas d'hier. Les chœurs reprennent à l'unisson les paroles et nous rappellent le tube « California Dreamin' » de The Mamas and the Papas. Jean Gabilou est d'origine tahitienne. C'est la première fois que la France envoie un chanteur issu des pays et territoires d'outre-mer et qui est également plébiscité par le télévote du public. Il se hisse avec « Humanahum » à une jolie 3e place au Concours, pour la dernière fois diffusé ce soir-là sur TF1 (chaîne alors encore publique), et qui marque également le dernier classement sur le podium de la France avant de longues années. Ce soir du 4 avril 1981 reste une tragédie pour Jean Gabilou puisque sa femme, Moeata — grande danseuse tahitienne –, décède brusquement à Tahiti alors qu'il est en pleine répétition à des milliers de kilomètres. Sa participation au Concours reste aujourd'hui tout à son honneur.

1988 | Après une longue série de mauvais résultats à l'Eurovision, la France se fait stratège et envoie Gérard Lenorman, l'interprète de « La Ballade des gens heureux », qui date déjà de 1975. Sa participation à l'Eurovision 1988 est censée relancer la carrière du chanteur.

Gérard Lenorman compose et coécrit alors les paroles de « Chanteur de charme » avec son ami Didier Barbelivien, grand parolier français, qui a écrit pour Dalida, Patricia Kaas ou encore Michel Sardou. Les deux amis n'en sont pas à leur première collaboration, puisque Barbelivien lui a notamment écrit les paroles du fameux titre « Michèle », sorti en 1976.

Et malgré son propre charme, son smoking impeccable et sa coupe mulet, il ne fait pas le poids face à Céline Dion et termine à la 10e place.

LES ANNÉES 1990

Pop, grunge, rock alternatif, dance, boys et girls bands, rap, RnB... on ne sait plus où donner de l'oreille. La France à l'Eurovision tranche : ce sera la décennie « musiques du monde ».

1990 | Marie-France Brière, fraîchement arrivée au département des divertissements d'Antenne 2, fait le choix de l'audace en envoyant à l'Eurovision Joëlle Ursull, ancienne chanteuse du groupe guadeloupéen Zouk Machine, dont elle a fait partie de 1986 à 1988. Elle ne connaîtra malheureusement pas le succès de « Maldòn' », un des plus célèbres titres du groupe.

La chanson « White and Black Blues », écrite par Serge Gainsbourg, traite de l'égalité entre les peuples sur un rythme africain porté au son des tam-tams.

Le timbre voilé de la voix de Joëlle n'est pas toujours assuré, mais sa robe rouge satinée, elle, assure. C'est également la première fois que la France ose exécuter une chorégraphie pendant la performance. Joëlle Ursull arrive 2e du Concours à égalité avec l'Irlandais Liam Reilly et sa chanson « Somewhere in Europe ».

À l'issue des résultats, la Française Amina arrive en première position ex æquo avec la Suédoise Carola et sa chanson « Fångad av en stormvind » (prise dans un ouragan d'amour).

La France intente a posteriori du Concours un recours contre la chanson gagnante « Insieme: 1992 » de Toto Cutugno en prétextant un coup monté, la France n'ayant reçu aucun point du jury italien... Les Français mauvais perdants ? Chacun se fera son opinion sur l'époque.

1991 | Amina — « C'est le dernier qui a parlé qui a raison ». La chanteuse Amina est franco-tunisienne. En 1991, elle est déjà implantée dans le monde de la *world music* française grâce à Radio Nova, qui lui apporte une certaine notoriété en diffusant ses titres.

Pour l'Eurovision, elle écrit elle-même les paroles de son titre « C'est le dernier qui a parlé qui a raison » (un des plus longs titres de l'histoire de l'Eurovision). Wasis Diop, sénégalais, compose le morceau et y ajoute des sonorités africaines. Amina réinterroge le fameux adage. La chanson est belle, pure, et la voix d'Amina envoûtante.

À l'issue des résultats, la Française Amina arrive en première position ex æquo avec la Suédoise Carola et son titre survolté « Fångad av en stormvind » (prise dans un ouragan d'amour). Le règlement voulait qu'on donne la victoire à la chanson ayant obtenu le plus de 12 points, mais problème, les deux artistes en ont obtenu 4 ! On passe donc aux 10 points. Carola remporte le trophée de l'Eurovision 1991 grâce à ses 5 fois 10 points contre seulement 2 fois 10 points pour la France.

Amina candidate pour la France en 1991

1993 | C'est aujourd'hui un emblème de la Corse que la France choisit pour la représenter en 1993 : Patrick Fiori. Encore presque inconnu (il avait participé à l'émission « Les Habits du dimanche », présentée par Léon Zitrone, à tout juste 14 ans), ses qualités vocales sont rapidement repérées par Marie-France Brière, qui mandate François Valéry (compositeur et interprète notamment de la chanson « Aimons-nous vivants ») pour lui écrire une chanson en langue française mais aussi en corse : « Mama Corsica ». Tout est dans le titre, pas de détours, cette chanson loue les vertus de la Corse au son de la mandoline et de la voix puissante de Patrick Fiori. Derrière son micro, dans un costume XXL typique des années 1990 — tout comme son brushing –, il est dans l'air du temps. Il se place à la 4e place. Ce n'est peut-être pas une victoire pour la France, mais c'est bel et bien l'Eurovision qui lance véritablement la carrière du jeune chanteur, âgé alors de 23 ans, montrant son talent aux yeux du monde.

1996 | La France change son fusil d'épaule en envoyant, cette année-là, une icône des territoires bretons. Moins exotique peut-être, mais Dan Ar Braz fait fureur dans les fest-noz et les festivals avec sa musique celtique. Trois ans plus tôt, il s'est lancé dans un grand projet, *Héritage des Celtes,* un album qui réunit des artistes celtes qui souhaitent faire perdurer la culture bretonne. Il gagne la Victoire de l'album de musiques traditionnelles en 1996. Il n'en faut pas plus à France 2 pour les « booker » pour l'Eurovision. Dan Ar Braz et l'Héritage des Celtes chantent « Diwanit bugale », une ballade, qui, sans surprise, promeut la culture bretonne (peut-être même le triskèle et le kouign-amann pour les bilingues). Elle est entièrement enregistrée en breton afin de séduire le jury, qui, à l'époque, n'a d'yeux que pour l'Irlande, souvent gagnante du Concours dans les années 1990. Pari raté, la Bretagne n'a pas séduit malgré la cornemuse irlandaise qui n'a pas eu l'effet escompté sur le jury. Ils se classent 19e sur 23.

LES ANNÉES 2000

Sandrine François chante « Il faut du temps » pour la France en 2002 à Tallinn, Estonie

Les chanteuses à voix cartonnent sur les ondes françaises : Chimène Badi, Nolwenn Leroy, Amel Bent, Lara Fabian ou encore les Québécoises, Céline Dion, Isabelle Boulay ou Natasha St-Pier. Cette dernière représente la France en 2001 et verra sa carrière décoller après sa prestation du désormais culte « Je n'ai que mon âme ». Malgré une 4e place, sa participation à l'Eurovision la propulse au rang de star hexagonale. Outre cette prestation, la décennie des boys bands et de la tecktonik n'est pas le fort de la France au Concours. On ne sait pas bien où l'on va, et force est de constater que peu de propositions de la délégation visent juste.

2002 | Sandrine François, une jeune femme blonde avec une grande voix, est repérée dans l'émission de Mireille Dumas « La vie à l'endroit » et choisie en interne par France 3 pour représenter l'Eurovision. Elle interprète « Il faut du temps », écrite et composée (entre autres) par Patrick Bruel et Rick Allison (mentor et compositeur de Lara Fabian).

Sa voix et ses mimiques nous rappellent la grande Céline. En fermant les yeux, on s'y croirait : alternance entre voix de tête et voix de poitrine, modulation finale permettant aux cordes vocales de la jeune chanteuse d'exploser alors que la guitare électrique retentit à pleine puissance. Cette performance complètement dans l'air du temps finira cependant 5e sur 24. « Ce qui est bien, mais pas top... »

2004 | Jonatan Cerrada est révélé par la première édition de l'émission « À la recherche de la nouvelle star », dont il sort gagnant en 2003. À sa sortie, il interprète une reprise du chef-d'œuvre « Je voulais te dire que je t'attends », de Michel Jonasz. Après un premier album et une apparition dans la série à succès *Un, dos, tres,* France 3 lui propose de représenter la France à l'Eurovision en 2004. Un choix stratégique de la part de la délégation française : Cerrada incarne l'Europe. D'origine espagnole, il est né en Belgique et fait sa carrière en France. Une chance de remporter le plus de points possible.

Les paroles de la chanson « À chaque pas » sont écrites par le jeune chanteur lui-même. C'est une ballade typique des années 2000, qui aborde de manière pas franchement originale les thèmes de la paix et de l'union.

Jonatan est dans un petit costume blanc satiné, entouré par quatre choristes vêtues également de blanc. Une des premières notes du refrain n'est pas tout à fait juste, la chorégraphie ressemble plutôt à un contemporain d'un prime de la « Star Academy ». Même si tout cela est très fidèle à l'année 2004, sans grande surprise, la France finit 15e sur 24.

2007 | Après deux échecs cuisants en 2005 et en 2006 — Ortal avec « Chacun pense à soi », 23e sur 24, et Virginie Pouchain avec « Il était temps », 22e sur 24 –, la délégation française se modernise et surfe sur la mode des télécrochets pour choisir son prochain candidat. Maligne.

France Télévisions organise un concours qui voit débarquer un groupe de rock humoristique bien connu du public français, puisque leur album *Pamplemousse mécanique* a été disque d'or deux ans plus tôt : Les Fatals Picards.

La chanson « L'Amour à la française », interprétée en « franglais », est un pastiche des plus gros clichés du *French love*. Sur le papier, pourquoi pas... mais en réalité, ça ne passe pas. Trop décalé, pas assez fun, le groupe ne fait pas mieux que leur prédécesseuse et se retrouve en bas du classement, à la 22e place.

2008 | France Télévisions a retenu la leçon : le concours de sélection, une fois, pas deux.

Sous l'impulsion de Marie-Claire Mezerette, nouvelle directrice des divertissements de France 3, c'est Sébastien Tellier à qui on propose de relever le défi. Sébastien Tellier a un univers complètement décalé. Il a connu un succès fulgurant avec le morceau musical « La Ritournelle » en 2004 et est plutôt branché électro. Cheveux longs, lunettes noires, univers décalé... Univers Eurovision ? Raté. Tellier, l'Eurovision, c'est pas sa tasse de thé.

Sa chanson « Divine » devait à l'origine être entièrement interprétée en anglais (une grande première pour la France), mais, suite à des polémiques et autres pressions du gouvernement, le chanteur est contraint d'ajouter quelques mots en français.

Lors de la finale, en direct, ça ne s'arrange pas. Les plans de caméra sont ratés, on voit le plus souvent du vide ou les pieds de l'artiste, malgré ce superbe costume gris pailleté et sa boule à facettes. Tellier fait néanmoins remonter doucement mais sûrement la place de la France en se hissant péniblement à la 18e place sur 25.

Cheveux longs, lunettes noires, univers décalé... Univers Eurovision ? Raté. Tellier, l'Eurovision, c'est pas sa tasse de thé.

Sébastien Tellier représentant la France en 2008 à Belgrade, Serbie

LES ANNÉES 2010

Lasse des mauvais scores, la France cherche l'amour et la reconnaissance de l'Europe. Le Concours se transforme radicalement avec le retour des jurys, dès 2009, et les prestations « *what the fuck* » n'ont plus la cote. La production de l'émission veut transformer l'événement pour l'emmener à la hauteur des plus grands shows de divertissement américains. Côté sélection française, la délégation impose majoritairement et arbitrairement ses choix d'artistes, mais, dès 2018, France Télévisions remet une sélection nationale en place pour découvrir de nouveaux talents et artistes émergents avec l'émission « Destination Eurovision ». 2019, l'icône LGBTQIA+ Bilal Hassani porte la voix de la France, avec la chanson empreinte de messages forts sur l'acceptation de soi et des différences, « Roi ».

Amaury Vassili chante « Sognu » pour la France en 2011 à Düsseldorf, Allemagne

2011 | Amaury Vassili — « Sognu ». Fort d'un premier album sorti en 2009, *Vincerò,* puis d'un deuxième l'année suivante, *Canterò,* le jeune ténor Amaury Vassili est choisi en interne par France 3 pour représenter la France au Concours Eurovision 2011, qui se déroule à Düsseldorf, en Allemagne.

C'est le retour de la langue corse, qu'on n'avait pas entendue depuis 1993. La chanson d'Amaury, « Sognu » (« rêve », en français), donne l'illusion d'être chantée en italien, la langue idéale des voix lyriques et opératiques.

Seul parmi les nuages diffusés sur les écrans derrière lui, au milieu de ce grand plateau enfumé, la mise en scène est un peu faiblarde. Vassili ne s'entend visiblement pas à cause de problèmes techniques dans ses oreillettes. Résultat, des problèmes de justesse viennent altérer sa performance. Il termine à la 15e place. Dommage.

Le retour de la langue corse, qu'on n'avait pas entendue depuis 1993. La chanson d'Amaury, « Sognu », donne l'illusion d'être chantée en italien, la langue idéale des voix lyriques et opératiques.

Le groupe Twin Twin représentant la France en 2014 à Copenhague, Danemark

2014 | L'année qu'on veut oublier, mais qu'on n'oubliera jamais. Et la raison rime en un mot. Enfin deux: Twin Twin. Le groupe, composé de trois garçons, est branché électro. L'année précédente, ils sortent un album, *Vive la vie,* avec lequel ils se produisent avec bonne humeur dans plusieurs festivals, dont Solidays, où ils chantent leur fameux titre « Moustache ». Ils sont choisis pour représenter la France à l'Eurovision dans l'émission « Les Chansons d'abord » (qui remplace « Chabada »), présentée par Natasha St-Pier, devant un jury composé de Marie Myriam, Amaury Vassili et Anggun, trois anciens participants au Concours. Twin Twin se retrouve face à Destan, également composé de trois garçons mais dans un style plus boys band, et aussi face à Joanna, la demi-finaliste de la « Star Academy » 2008.

On croit entendre le sample de « Papaoutai » de Stromae, immense succès de 2013 (plagiat? Inspiration? Chacun a son avis sur la question). Quoi qu'il en soit, le groupe survolté veut apporter à l'Europe « la bonne humeur, l'énergie, le swag ». Malgré leur bonne volonté, sur la scène de l'Eurovision 2014, c'est un tollé. La chanson ne trouve pas son public (ni son jury, d'ailleurs)... Faiblement interprétée, la mise en scène ne les rattrape pas, malgré l'énergie dont le groupe fait preuve. Twin Twin récolte seulement 2 petits points et, pour la première fois dans l'histoire du Concours, la France se classe en dernière position.

2015 | La France se relève! Enfin... comme elle était au fond du trou, elle ne pouvait pas faire pire. Elle remonte péniblement à la 25e place sur 27 participants. 2015 pourrait se résumer en une question: qui a eu l'idée de chanter la guerre de 14-18 en Autriche? Le Concours se déroule en effet, cette année-là, à Vienne. Nathalie André, alors directrice des divertissements de France Télévisions, choisit la chanteuse Lisa Angell, révélée en 2009 par Patrick Sébastien et son émission « Le Plus Grand Cabaret du monde », le samedi sur France 2.

Changement d'ambiance: la chanson « N'oubliez pas » décrit un village détruit et brutalisé par la guerre comme une image d'Épinal sortie tout droit d'une propagande pour la ruralité. C'est plombant, poussiéreux et, surtout, un sujet sensible. Envoyer une chanson sur la Première Guerre mondiale, cent ans plus tard, quand on sait que c'est après l'assassinat de l'héritier du trône austro-hongrois, par un jeu d'alliance, qu'a commencé la Grande Guerre...

Avec une mise en scène qui tend à copier le vainqueur suédois de l'année précédente, Amir et sa bonne humeur contagieuse emballent le public.

Lisa Angell chante « N'oubliez pas » pour la France en 2015 à Vienne, Autriche

De retour en France, Lisa Angell regrettera sa prestation et dira : « Je suis tellement désolée pour toute l'équipe, qui a fait tellement un travail fantastique autour de moi, pour mon pays, parce que j'ai les boules, il n'y a pas d'autre mot. » Nathalie André, de son côté, ajoute : « Ma connerie est d'y être allée avec une voix plutôt que d'y être allée avec Enrique Iglesias. » Petit tacle final pour le gagnant, Måns Zelmerlöw, représentant de la Suède, qui n'a pas dû lui revenir... Mauvaise perdante la France ? Encore ? Non.

2016 | L'année suivante, la même équipe à la tête de la délégation française rebondit de suite. Ensemble, ils prennent le sujet à bras-le-corps et transforment la perspective de participation de la France au Concours. Il n'est plus question de faire un mauvais score face à l'Europe entière. La délégation française se retrousse les manches et choisit un jeune chanteur finaliste de la troisième saison du télécrochet « The Voice » : Amir. Ce nouvel artiste a séduit une très grande partie du public, bien qu'éliminé avant Kendji Girac et Maximilien Philippe, deux autres artistes de grand talent sortis de l'escarcelle « The Voice ». L'année 2015 est prolifique pour le programme de TF1.

Amir est présenté en France comme le dentiste qui débarque dans le milieu de la chanson... mais il en a sous la pédale, puisqu'il a déjà un album et une carrière en Israël.

Il co-compose et coécrit le titre « J'ai cherché », initialement prévu pour un des singles de son premier album français, *Au cœur de moi*. Dès la sortie du titre, c'est un véritable raz-de-marée. Il se classe 3e chez les bookmakers. La BBC déclare même entendre des similitudes avec le travail du talentueux DJ suédois Avicii.

Avec une mise en scène qui tend à copier le vainqueur suédois de l'année précédente, Amir et sa bonne humeur contagieuse emballent le public. Élodie Gossuin nous offre la reprise la plus inoubliable et la plus fausse du « youh-ouh-ouh-ouh » d'Amir lors de l'annonce des résultats. La France remonte à une jolie 6e position, marquant son meilleur classement depuis 2002.

LES ANNÉES 2020

En 2020, et pour la première fois depuis 1956, le Concours Eurovision de la chanson n'a pas eu lieu, en raison de la pandémie de Covid-19. En octobre de la même année, Delphine Ernotte, alors présidente de France Télévisions, est nommée à la tête de l'Union européenne de radio-télévision.

Barbara Pravi envoûte l'Europe avec le titre « Voilà » pour la France en 2021 à Rotterdam, Pays-Bas

La délégation française ne cache plus son ambition de vouloir remporter le trophée et s'en donne les moyens, comme le prouvent les trois récentes victoires de la France à l'Eurovision Junior. Toutes les recettes sont testées : mise en place d'un nouveau format de sélection nationale, puis retour au choix arbitraire d'une ou d'un artiste de la nouvelle scène et, plus proche de nous, ce coup de maître, en ayant réussi à convaincre une star nationale au plus fort de sa carrière de participer à l'édition 2024 : Slimane.

2021 | Qu'est-ce que l'Europe attend de la France à l'Eurovision ? C'est la première fois qu'on se pose la question. Ou, plutôt, qu'on tente d'y répondre. Alors que le Concours de 2020 a été annulé (pour le plus grand soulagement de la majorité des fans français du Concours, alors peu convaincus de l'offre musicale proposée par le candidat Tom Leeb, sélectionné à l'époque), le concours de sélection français pour l'année 2021 fait découvrir au public la désormais célèbre Barbara Pravi.

Barbara Pravi connaît déjà bien l'Eurovision, puisqu'elle a coécrit les chansons du Concours junior « Bim bam toi » pour Carla en 2019 (qui a terminé à la 5e position) et a fait triompher Valentina avec la chanson gagnante « J'imagine » en 2020. Et ça tombe bien que le goût et les influences prononcés de la jeune artiste pour Barbara et Édith Piaf collent avec les attentes et la représentation de la chanson parfaite *made in* France vue de l'Europe.

Au concours de sélection, Barbara Pravi écrase ses concurrents avec une voix puissante et les prémisses d'une mise en scène qu'on retrouvera au Concours Eurovision. La direction artistique est maîtrisée, et ça commence par le clip : aux manettes, Marika Prochet (directrice artistique et scénographe) et Julian Gutierrez (réalisateur LiveEdit d'Eurovision France) nous offrent une vidéo efficace, épurée et calibrée pour la télévision.

Avec « Voilà », sa chanson qui séduit l'Europe entière, elle offre à la France une magnifique 2e place.

2022 | On avait déjà tenté le breton à l'Eurovision... On avait déjà vu que ça ne fonctionnait pas... Pas plus que toutes les autres langues régionales, d'ailleurs. Jamais deux sans trois. Pour couronner le tout, Alvan & Ahez, choisi pour représenter la France, a un gros défi à relever: passer après Barbara Pravi. Le concours de sélection français n'était pas très brillant, mais il met en valeur le groupe Alvan & Ahez, qui se distingue des autres par son énergie et son originalité. Il est composé de quatre artistes: un trio féminin et l'artiste électro rennais Alvan. Ils se rencontrent à l'été 2021 et écrivent la chanson « Fulenn », qui signifie « étincelle ». Les paroles, toutes en breton, célèbrent l'émancipation des femmes à travers l'histoire d'une jeune fille, Catherine la Perdue, qui danse à la nuit tombée près d'un feu et dont la rencontre avec un mystérieux jeune homme (apparenté au diable) l'entraîne dans une gigue infernale.

En live, les voix ne sont pas toujours justes, la mise en scène est brouillonne et les beaux yeux charbonneux d'Alvan ne suffisent pas à séduire le jury ni le public. La France termine à l'avant-dernière place.

2023 | Après le résultat catastrophique de l'année passée, Alexandra Redde-Amiel recherche une perle rare qui pourrait faire briller de nouveau la France au Concours. Le choix de la délégation se porte alors de l'autre côté de l'Atlantique sur la chanteuse québécoise d'origine marocaine La Zarra, qui cartonne sur les ondes depuis peu grâce à son premier album, *Traîtrise,* et ses singles « Tu t'en iras » ou encore « Vie d'artiste ».

Sur le papier, c'est un pari gagnant. La Zarra a de la prestance, du charisme et une voix. Tout y est. Sa chanson « Évidemment » est révélée en grande pompe lors d'une conférence de presse ainsi que sur le plateau du 20 heures de France 2 quelques mois avant le Concours, sans que celle-ci ait été interprétée en direct néanmoins. « Évidemment » est un morceau pop disco qui s'inscrit pleinement dans le style de Clara Luciani ou de Juliette Armanet, alors en tête des classements en France. La Zarra, on le voit, c'est une diva. Elle a beaucoup de charme, mais le doute s'installe quand des mois durant aucune prestation live de la chanson ne témoigne de ses capacités pour la scène, malgré de nombreuses apparitions publiques et médiatiques. Ainsi, quelques semaines avant le Concours Eurovision, La Zarra se produit à la *pre-party* espagnole et, malheureusement pour l'artiste, prise dans l'effervescence et le stress de la compétition, la prestation est un fiasco. Elle blâme alors la technique, qui l'aurait empêchée d'obtenir un retour correct de son dans ses

Le groupe Alvan & Ahez représentant la France en 2022 à Turin, Italie

Sur le papier, c'est un pari gagnant. La Zarra a de la prestance, du charisme et une voix. Tout y est.

La Zarra, candidate représentant la France en 2023 à Liverpool, Royaume-Uni

oreillettes, incident tout à fait possible au demeurant. Quand vient deux jours plus tard la *pre-party* d'Amsterdam, les fans sont fébriles, tout le monde attend La Zarra. Branle-bas de combat, un événement personnel la contraint à annuler sa venue seulement une heure avant de monter sur scène. Toute la promotion de l'artiste et de sa chanson est suspendue dans la foulée. Que se passe-t-il en coulisses ? Alexandra Reddc-Amiel monte alors au front pour défendre son artiste dans les médias et rappelle que l'Eurovision est un concours extrêmement exigeant, nécessitant parfois de se préserver plutôt que d'enchaîner et de participer au rouleau compresseur médiatique qui précède l'événement. Difficile à croire... Quelques jours plus tard et contre toute attente, La Zarra menace sur ses réseaux sociaux « de tout arrêter ». C'est la débandade ! Les montagnes russes provoquées par cette annonce affolent la presse. Arrêter quoi ? L'Eurovision ? La chanson ? vElle se rattrapera alors quelques heures plus tard, prétextant quitter « le gluten » pour son bien-être. Mais le mal est fait, la polémique enfle et, jusqu'au bout, tout le monde espère que la diva ne fera pas faux bond à la France au Concours 2023. La délégation française décide dès lors d'annuler définitivement toutes les prestations live et les apparitions médiatiques de La Zarra avant la grande finale du Concours, en mai, pour la préserver.

Le soir de la finale, La Zarra brille de mille feux dans une superbe robe signée Romain Thevenin. En haut d'un immense podium, on croit voir la tour Eiffel. Perchée là-haut, elle ose à peine bouger. Qui a eu l'idée de mettre une artiste sur une plateforme cylindrique à plusieurs mètres de haut ? Sa voix tremble, ses notes sont approximatives... et pourtant, on sent qu'elle a travaillé depuis sa dernière prestation live un mois plus tôt, mais malheureusement, bien que la prestation soit impressionnante, cela n'a pas convaincu les jurys et les votes des téléspectateurs. Alors mécontente des points qui lui sont octroyés, la chanteuse fait un geste en direct devant les caméras pouvant être interprété comme un doigt d'honneur. Réunion de crise chez France Télévisions, La Zarra s'exprime et, en toute logique, dément son geste, en disant qu'il s'agit d'un « toz », qui exprime l'exaspération. Peu importe, le mal est fait. Sa 16e place au classement et ce geste précipitent La Zarra aux oubliettes, les radios déprogramment sa chanson, sa tournée est reportée et les festivals qui l'avaient bookée annulent sa venue.

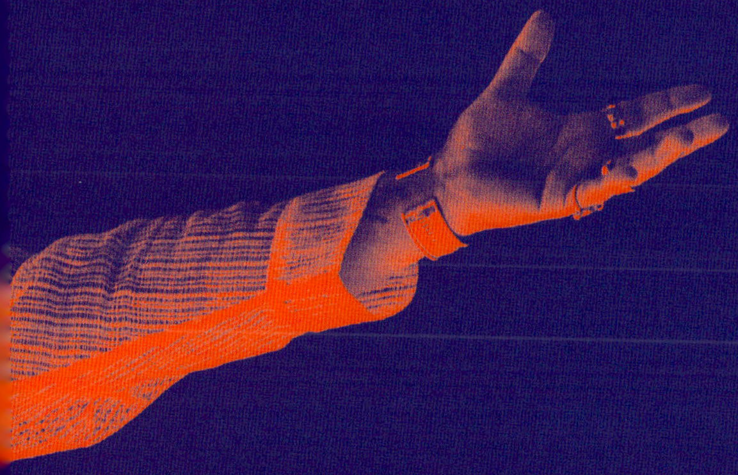

SLIMANE

2024 | Épuisée par les aléas de l'année précédente, la délégation française décide de frapper fort en 2024 et choisit un artiste dont la carrière n'a plus rien à prouver. France Télévisions annonce dès le mois de novembre 2023 et en direct sur la matinale radio la plus écoutée du pays que Slimane, l'une des stars françaises les plus en vogue, représentera la France au Concours 2024 avec sa chanson « Mon amour ». C'est un coup de maître réalisé par la délégation. Cela envoie, au-delà de Slimane et de cette année, un signal à l'ensemble de l'industrie musicale du territoire que l'Eurovision a changé. C'est un concours où même les artistes au top de leur carrière peuvent prendre une place légitime pour nous rendre fiers. « Mon amour » est ainsi chantée par Slimane des dizaines de fois en concerts, dans les médias, en France et en Europe, dévoilant à un public conquis et nouveau ses capacités et son talent indiscutable. La chanson perce nos émotions à cœur et son interprétation épate par l'intensité révélée par l'artiste.

Record d'audience pour l'Eurovision en France, avec plus de 7,6 millions de téléspectateurs français connectés au programme au moment du passage de Slimane à l'antenne. Il passe en avant-dernier, il est déjà tard, 23 heures, mais l'interprétation de sa chanson sonne comme le clou du spectacle quand, alors qu'il se recule de 3 mètres du micro, Slimane entame son refrain a cappella dans une aréna qui instantanément devient silencieuse avant de vrombir et d'exploser avec lui sur les dernières notes. Succès pour la France ! Quatrième place, dont 2e du jury. Une fierté pour toutes et tous.

Slimane représentant la France en 2024 à Malmö, Suède

III. LES LANGUES

Nombreux sont celles et ceux qui s'étonnent de ne pas entendre plus de diversité linguistique sur la scène de l'Eurovision. Bien qu'au début du Concours la volonté première restait d'ouvrir la culture européenne sur l'ensemble du territoire, l'utilisation des langues a beaucoup évolué au fil du temps. Pendant les premières années du Concours, les pays n'ont pas eu besoin de règles pour chanter naturellement dans leur langue d'origine.

Mais les années passent et le Concours évolue. La volonté de gagner est de plus en plus forte et certains se sentent lésés (nos voisins allemands les premiers) face aux chansons en anglais, qui prennent une très grande place dans la culture pop musicale depuis les années 1970. Les chiffres sont clairs : pour séduire, il n'y a pas de langue plus efficace que l'anglais ! Du moins, quand c'est bien fait…

Chanter dans la langue de Shakespeare, c'est évidemment l'opportunité d'utiliser une langue facile et chatoyante à l'oreille. C'est utiliser une langue comprise de toutes et tous à l'international. C'est utiliser une langue qui, depuis ABBA en 1974 avec « Waterloo », offre aux pays non anglophones un passeport vers un podium qui semble assuré ! Et pourtant… il n'en a pas toujours été ainsi.

Sur le territoire de l'Union européenne de radio-télévision (UER), quelques 60 langues sont parlées, sans compter les dialectes autochtones ! De l'espagnol au finnois, du serbe à l'arabe, du russe au portugais, notre espace commun est riche d'une très grande pluralité linguistique. Quand bien même le français et l'anglais restent aujourd'hui les deux langues officielles du Concours Eurovision de la chanson, elles peinent pourtant à cohabiter dans cette organisation de plus en plus globalisée. Nous savons que les Français ont une petite tendance chauviniste… alors continuons à défendre nos magnifiques « 12 points », dont nous gardons le souvenir ému de la distribution par Élodie Gossuin.

Kalush Orchestra, gagnants représentant l'Ukraine en 2022 à Turin, Italie

CHRONOLOGIE

LE DÉBUT DU CONCOURS : LES LANGUES AVANT TOUT

Ingvar Wixell chante « Absent Friend » pour la Suède lors de l'Eurovision 1965 à Naples en Italie.

1956-1965

Pendant ses premières années d'existence, les 10 règlements du Concours Eurovision n'indiquent ni restriction ni obligation quant à la langue utilisée dans les chansons. On est libre ! Et c'est tout naturellement que les artistes écrivent et interprètent les chansons dans leur langue nationale. Les Italiens chantent en italien, les Allemands en allemand, et les Français… en français.

1965

Et là, c'est le drame ! Le baryton suédois Ingvar Wixell chante exclusivement en anglais sa chanson « Absent Friend », prenant alors tout le monde par surprise. C'est un véritable scandale en Suède, mais aussi dans toutes les autres délégations concurrentes dénonçant la déloyauté d'une telle pratique. *So long, absent friend.*

1966-1972

L'UER réagit dès l'année suivante. Pour éviter le scandale, la règle relative à l'utilisation obligatoire d'une des langues nationales du pays est inscrite textuellement dans le règlement du Concours, au grand dam — pour ne citer qu'eux — de nos voisins allemands qui perçoivent bien vite que, pour séduire une Europe de plus en plus sous influence américaine et de langue anglaise dans la pop culture, la gutturale langue germanique ne fonctionne plus.

1973-1976

Rébellion. Une partie des pays non anglophones, les pays scandinaves en tête, souhaitent chanter dans une autre langue que leur langue nationale du fait de leur sonoritée et prosodie, qui peuvent paraître plus difficiles à l'oreille, mais aussi parce qu'elles ne sont pas forcément comprises dans le reste de l'Europe. Il faut que les auditeurs et les spectateurs puissent chanter les chansons pour la notoriété de celles-ci. Le Concours a montré qu'il pouvait être vecteur de bienfaits économiques et de *soft power* culturel : il faut gagner pour briller ! Les revendications sont donc entendues, et c'est ainsi qu'en 1973 une totale liberté linguistique est inscrite au règlement. Quelques pays (toujours principalement scandinaves) se lancent dans l'écriture de chansons en anglais. Et dès l'année suivante, en 1974, le mythique groupe suédois ABBA remporte la mise avec le tube « Waterloo », une chanson 100 % en anglais qui fera dès lors le tour du monde jusqu'en Australie.

1977-1998

Nouvelles règles ! L'UER réinstaure en dernière minute l'obligation de chanter dans l'une des langues nationales de son pays pour éteindre les critiques grondant depuis 1974 et l'argument de perte d'identité du Concours. Toutefois, l'Allemagne et la Belgique auront un mot d'excuse pour ne pas respecter les règles en 1977 : elles avaient déjà soumis leur chanson dans une autre langue.

1999

jusqu'à nos jours : c'est la totale liberté linguistique ! Très rapidement, l'anglais est majoritairement utilisé par les participants et est bien souvent la langue des pays vainqueurs.

Les revendications sont entendues. En 1973 une totale liberté linguistique est inscrite au règlement.

Le groupe Dream Express chante « A Million in One, Two, Three » pour la Belgique en 1977 à Londres, Royaume-Uni.

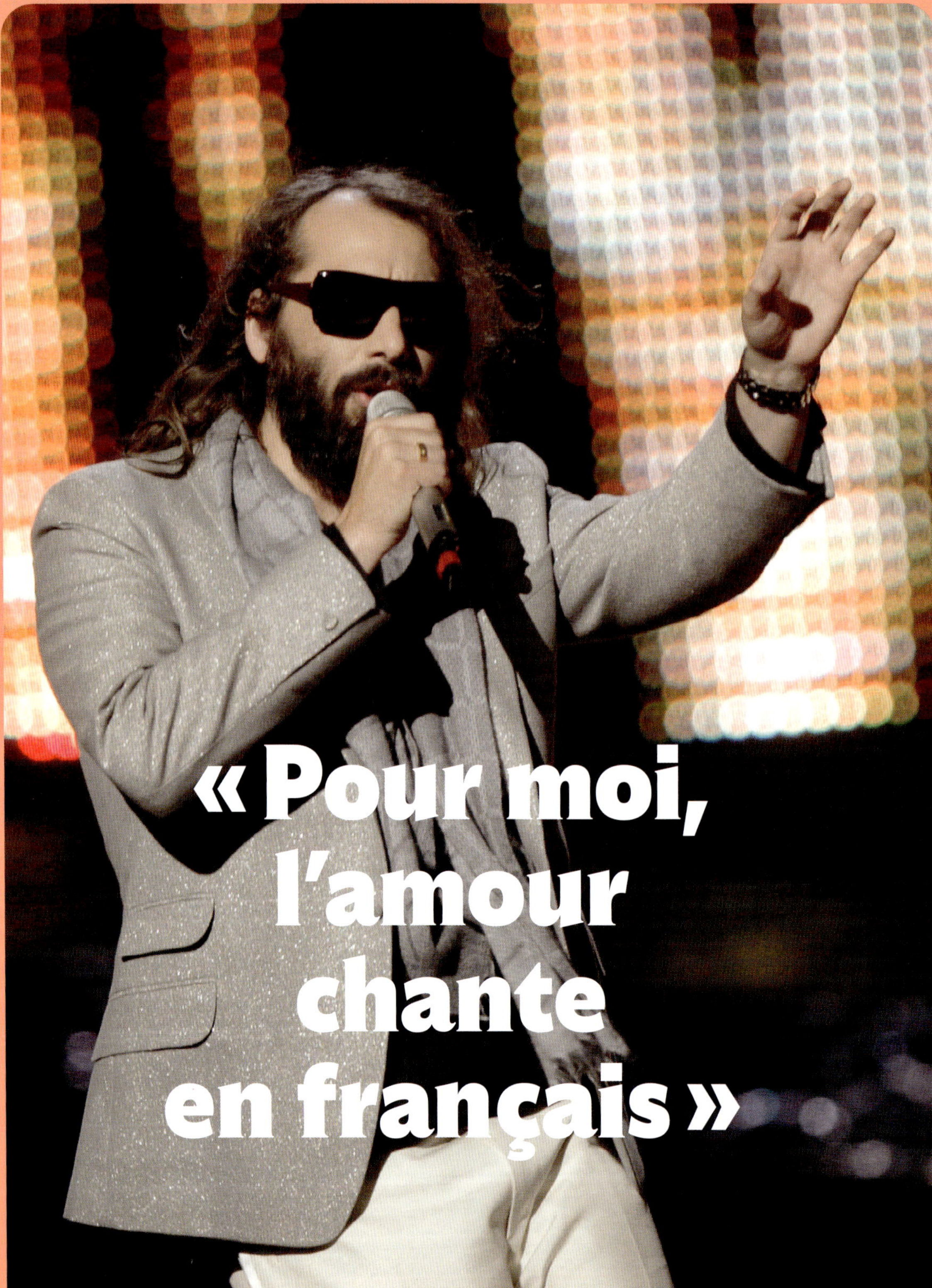
« Pour moi,
l'amour
chante
en français »

SCANDALE

À LA FRANÇAISE

Sébastien Tellier représentant la France en 2008 à Belgrade, Serbie

La France, dans sa grande et séculaire tradition d'exception culturelle, utilise très souvent sa langue à l'Eurovision comme outil de diplomatie culturelle pour soutenir son industrie musicale et promouvoir ses artistes à l'exportation. Alors, c'est un véritable scandale (et un échec cuisant au classement, 19e sur 25…) quand, en 2008, Sébastien Tellier souhaite chanter uniquement en anglais ! *Shocking* !

Cette année-là, le Concours est organisé par la Serbie à Belgrade, et France 3 décide d'envoyer l'auteur-compositeur et interprète Sébastien Tellier représenter la France avec sa chanson « Divine ». C'est la première fois que la France envoie une chanson intégralement en anglais. Les réactions sont particulièrement vives ! Le secrétaire d'État à la coopération et à la francophonie d'alors, Alain Joyandet, déclare : « Lorsqu'on a l'honneur d'être sélectionné pour représenter la France, on chante en français ! […] Depuis cinquante-deux ans qu'existe le Concours, les candidats français ont toujours chanté en langue française. » À propos de la diversité linguistique à l'Eurovision, il déclare également : « Cette année, plus de la moitié des artistes qui chanteront à l'Eurovision le feront en anglais. […] J'encourage chacun à résister à la tentation d'uniformisation linguistique. » La polémique arrive jusqu'aux bancs de l'Assemblée nationale pendant les questions au gouvernement. La ministre de la Culture Christine Albanel juge pour sa part « dommage » de chanter en anglais et demande expressément à ce que des paroles en langue française soient ajoutées à la chanson. Aussitôt dit, aussitôt fait ! La délégation française ajoute deux phrases en français dans le refrain. La musique adoucit les mœurs, disait Platon… apparemment jusqu'à un certain point. Sébastien Tellier, dans une performance très « *what the fuck* », pourrait-on dire, arrive sur la scène de Belgrade en voiturette de golf floquée du drapeau tricolore. Ouf, cette fois, pas de doute sur sa nationalité ! On a eu peur.

Sébastien Tellier souhaite chanter uniquement en anglais ! *Shocking* !

QUÉSACO ? KÉNAVO !

NOS RÉGIONS ONT DU TALENT !

Le groupe Alvan & Ahez pour la France en 2022 à Turin, Italie

On peut reconnaître une qualité non négligeable à notre noble France : elle prend des risques ! À plusieurs reprises, la délégation envoie des chansons en créole, en breton et même en corse pour valoriser nos identités régionales et montrer aux yeux des Européens notre diversité culturelle. Et, à l'Eurovision, rien ne l'interdit ! Langue régionale ou langue locale, tout est possible, la France en profite et envoie en tout cinq chansons en langues régionales, en particulier pendant la décennie 1990. Il faut dire que nos dialectes et patois font véritablement partie de notre culture. On en garde des mots, des expressions, des accents… En France, on voyage ! Nous avons un très fort attachement culturel à notre vingtaine de langues régionales. Des régions enseignent encore leur propre langue aux jeunes générations, comme en Alsace ou en Occitanie.

Tout débute en 1992 lorsqu'Antenne 2 sélectionne en interne le chanteur martiniquais Kali avec sa chanson « Monté la riviè », interprétée en créole martiniquais et en français.

Tout débute en 1992 lorsqu'Antenne 2 sélectionne en interne le chanteur martiniquais Kali avec sa chanson « Monté la riviè », interprétée en créole martiniquais et en français. Jusqu'à présent, toutes les participations françaises avaient été effectuée en langue française, exception culturelle oblige ! Il termine à une honorable 8ᵉ place. France 2 retente sa chance l'année suivante avec la chanson

Séverine Ferrer représentant Monaco en 2006 à Athènes en Grèce

« Mama Corsica », mi-corse, mi-français, interprétée par le futur Phœbus de *Notre-Dame de Paris,* Patrick Fiori ! Il termine à la 4e place. Trois ans plus tard, la France envoie une chanson intégralement en breton, « Diwanit bugale », portée fièrement par Dan Ar Braz et l'Héritage des Celtes. Et patatras, c'est la dégringolade à la 19e place. *Kenavo* chez vous, sans un mot de français dans le texte (et pour la toute première fois).

Après cette déconvenue, la France se relève, avec courage, et décide de faire une longue pause concernant les langues régionales.

Après cette déconvenue, la France se relève, et décide de faire une longue pause concernant les langues régionales. Mais on ne désespère pas un Français… enfin… un Corse aussi vite ! En 2011, c'est Amaury Vassili qui représente la France avec sa chanson « Sognu », uniquement en langue corse. Il termine à une très moyenne 15e place. Et puisque ça ne suffisait pas, en 2022, la langue bretonne est de nouveau mise à l'honneur avec la chanson « Fulenn ». Cette fois, ce sont les Français (avec l'appui d'un jury) qui choisissent leurs représentants : Alvan & Ahez. Accident industriel, la France bretonne termine à la 24e place sur 25… Re-*kenavo,* les Bretons ! Alors on peut se poser la question : les pays votants ne sont-ils pas préparés à notre folklore régional français ? Nos régions ont-elles vraiment du talent ? Injuste choix ou classement mérité par les patois français ? À vous de juger !

À EN PERDRE SON LATIN !

La France n'est pas le seul pays à avoir tenté l'utilisation des langues régionales pour promouvoir sa diversité culturelle et linguistique. Petit florilège non exhaustif des patois, dialectes et langues vernaculaires qui ont pris la lumière à l'Eurovision : l'Autriche en 1971 avec le viennois, l'Irlande en 1972 avec le gaélique, la Suisse en 1989 avec le romanche, l'Italie en 1991 avec le napolitain, l'Autriche en 1996 avec le vorarlbergeois, etc. Cette tendance perdure après la nouvelle liberté linguistique accordée en 1999, date à laquelle chaque pays peut chanter dans la langue de son choix ! Cette même année, la Lituanie utilise le samogitien ; l'Autriche, le styrien en 2003 ; l'Andorre, le catalan en 2004 ; l'Estonie, le voro en 2004 ; la République tchèque, le romani en 2009 ; ou encore en 2012 la Russie, avec l'oudmourte et de nouveau l'Autriche, avec le mühlviertlerisch. Sans oublier le grec pontique également en 2010 et, cerise sur le gâteau — *cerasum super crustulum* —, le latin en 2022. La Serbe Konstrakta et sa désormais chanson culte « In corpore sano » dénoncent les politiques de santé de nombreux pays où, parfois, sans avoir la possibilité de se soigner et d'avoir un « corps sain », seul le travail de maintien d'un « esprit sain » peut persister. Chapeau l'artiste.

Konstrakta se lave les mains et chante « In corpore sano » pour la Serbie en 2022 à Turin, Italie.

LA LANGUE RÉGIONALE

UNE VRAIE LANGUE POLITIQUE

Pochette d'album de Joan Manuel Serrat

Trois langues régionales ont marqué le Concours avec un message politique fort: le catalan, le tatar de Crimée et le same, choisis respectivement par l'Espagne, l'Ukraine et la Norvège.

Le catalan: En 1968, le candidat espagnol Joan Manuel Serrat devait représenter son pays, l'Espagne, avec sa chanson « La, la, la » (on a vu plus original, mais on connaît tous des années « sans »). Joan Manuel Serrat a tout fait pour chanter sa chanson en catalan, la langue de la... Catalogne! Or, depuis des décennies déjà, la Catalogne souhaite son indépendance. Un conflit politico-culturel oppose Barcelone, la capitale catalane, et Madrid, capitale du pouvoir dictatorial du général Francisco Franco. Cette année-là et depuis son coup d'État militaire de 1936, « le Caudillo » est au pouvoir. Pendant cette période, le régime est notamment caractérisé par un centralisme politique très puissant à Madrid ainsi qu'un nationalisme castillan intensément développé, particulièrement par la propagande, exclusivement réalisée en langue castillane. Franco réprime sévèrement toute opposition politique de même que toute velléité indépendantiste, notamment celle de la Catalogne.

La langue catalane se retrouve alors étouffée. Les dirigeants du télédiffuseur public espagnol, aux ordres de Franco, remplacent manu militari le chanteur Joan Manuel Serrat quelques jours avant le début des répétitions par la chanteuse Massiel, qui, elle, chante en castillan, la seule langue officielle espagnole autorisée sous le franquisme. Et c'est avec cette chanson que l'Espagne remporte le Concours et envoie directement aux oubliettes de l'histoire de l'Eurovision la langue catalane... ou presque. En 2004, Marta Roure chante de nouveau en catalan en représentant la principauté d'Andorre, mais ne se qualifie pas pour la finale en terminant 18ᵉ sur 22.

Le tatar de Crimée: En 2016, la candidate ukrainienne Jamala représente son pays avec la chanson « 1944 » et remporte le Concours. La candidate chante en anglais, mais surtout en tatar de Crimée, la langue régionale de la susnommée région dont elle est originaire. La Crimée est annexée militairement par la Russie en 2014. L'usage de cette langue est donc intrinsèquement un message politique à destination de la Russie ainsi qu'au reste de l'Europe: la Crimée, sa langue et sa culture, faisant partie intégrante de l'Ukraine. Mais l'usage politique de la langue tatar ne s'arrête pas là. Les paroles évoquent très directement un événement historique qui prend une dimension contemporaine dans le contexte de l'annexion russe. « 1944 » raconte la déportation d'environ 240 000 habitants du peuple tatar de leur région par Staline pendant la Seconde Guerre mondiale. La connotation prétendument trop politique de cette chanson déclenche une polémique. L'UER déclare alors que le propos de la chanson évoque un événement historique bien réel et de ce fait n'est pas, à proprement parler, politique. N'oublions pas que le règlement du Concours interdit justement « tout mot ou tout geste de nature politique ou assimilable ».

La France n'est pas le seul pays à avoir tenté l'utilisation des langues régionales ou locales pour promouvoir sa diversité culturelle et linguistique.

Jamala interprète tout en émotion sa chanson « 1944 » pour l'Ukraine en 2016 à Stockholm, Suède. Elle remporte le Concours cette année-là.

Tom Hugo Hermansen, Alexandra Rotan & Fred Buljo du groupe KEiiNO représentant la Norvège en 2019 à Tel Aviv, Israël

Le same : La langue same a été utilisée deux fois par la Norvège, en 1980 et en 2019. Le same est la langue officielle du peuple sami, dont la zone de peuplement s'étend sur la partie la plus septentrionale, zone la plus au nord de la Norvège, qui passe également par les territoires nordiques de la Suède, de la Finlande et même de la Russie. Le tout constitue ce qu'on peut nommer la Laponie, ou encore le territoire du Père Noël ! Ce n'est pas un choix anodin de la Norvège que d'être représentée par la langue et la culture des Samis à l'Eurovision : ce peuple a été colonisé, exploité, spolié, évangélisé à travers les siècles par les différents États et royaumes alors au pouvoir à Oslo, à Stockholm ou encore à Copenhague. La Norvège moderne, depuis les années 1970, a lentement pris conscience des atrocités vécues par ce peuple et de l'importance de protéger à la fois sa culture et sa langue.

En 1987, un Parlement sami est créé, et inauguré en 1989, ayant pour but de prendre en compte les questions relatives à ce peuple. La même année, la Norvège reconnaît aux Samis le titre de peuple autochtone de Norvège, au titre des plus anciens habitants du nord du pays. Le message politique est puissant, la langue et la culture samies sont considérées comme égales à la langue et la culture norvégiennes. Dès lors, le same devient une langue officielle du pays. À l'Eurovision 1980, la Norvège est représentée par un duo composé de Sverre Kjelsberg et surtout de Mattis Hætta, chanteur same qui entre sur scène en habit folklorique pour rendre hommage à sa culture. Sans succès, puisque le duo termine 16e sur 19 participants. En 2019, la Norvège tente à nouveau de valoriser et de mettre en avant la culture et la langue samies avec le groupe KEiiNO, composé de deux chanteurs, Tom Hugo et Alexandra Rotan, et aussi de Fred Buljo, rappeur et chanteur sami (par ailleurs membre du Parlement sami de 2013 à 2017). Leur chanson « Spirit in the Sky » défend l'égalité des genres, des origines ethniques et des sexualités sur un fond de musique électro-pop teintée de sonorités folkloriques same. Le morceau rend hommage au joik, une technique de chant traditionnel du peuple sami. Le succès est fulgurant, la Norvège remporte le vote du public, mais échoue à convaincre suffisamment de membres des jurys. Elle termine cependant à la très belle 6e place.

Le morceau rend hommage au joik, une technique de chant traditionnel du peuple sami. Le succès est fulgurant, la Norvège remporte le vote du public.

OLNI

objets linguistiques non identifiés

Pour ne pas avoir à tergiverser sur la langue nationale ou régionale à chanter, certains concurrents ont tout simplement inventé leur propre langue !

Le groupe Urban Trad interprète « Sanomi », une chanson en langue imaginaire pour la Belgique en 2003 à Riga, Lettonie.

Le groupe Treble invente aussi leur langue avec « Amambanda » pour les Pays-Bas en 2006 à Athènes, Grèce.

Certains pays développent des stratégies linguistiques, disons... originales (tout est bon pour récolter des voix et tenter de remporter le Concours), qu'on appelle dans le jargon des « OLNI » (objets linguistiques non identifiés) ou encore des « chansons WTF » (« *what the fuck* »). Pour ne pas avoir à tergiverser avec une langue nationale ou régionale, certains concurrents ont tout simplement inventé leur propre langue ! On peut reconnaître à ces chansons une qualité : l'audace. Peut-être moins le talent... Certaines ne rencontrent pas le succès escompté : auraient-elles dû rester au fond d'un tiroir ? C'est vous qui voyez.

Le premier à tester cette formule « langue inventée » est Israël, lors de l'Eurovision 1978 avec la chanson « A-Ba-Ni-Bi », interprétée par Izhar Cohen. Le langage a son propre nom : le « code B », inventé par des enfants hébreux pour communiquer entre eux pour ne pas être compris par leurs parents. Le principe est simple : on ajoute un « B » après chaque syllabe, en répétant la voyelle de la syllabe. Par exemple, « Salut » deviendrait « Sa-ba lu-bu ». On est nombreux à avoir connu ce genre de langue cachée quand on était gamins. Un vrai succès — ou, si on préfère, « su-bu-ccè-bè » — pour Israël, qui remporte le Concours pour la première fois de son histoire.

La Belgique tente à son tour le coup en 2003 avec la chanson « Sanomi » du groupe Urban Trad. Elle passe à seulement 2 petits points de la victoire, remportée cette année-là par la Turquie avec Sertab Erener et sa chanson « Everyway That I Can ». Le choix de cette langue imaginaire a donné des idées aux Pays-Bas en 2006, qui envoient la chanson « Amambanda » du groupe féminin Treble. Ne cherchez pas de sens à cette langue, il n'y en a pas !

Cette fois, c'est un échec cuisant, puisque les trois Néerlandaises ne vont même pas en finale et se placent à la 20e place sur 23 concurrents lors de la demi-finale. Même résultat catastrophique pour la Belgique, qui, fort de son succès précédent, envoie en 2008 le groupe Ishtar et la chanson « O Julissi ». Tout comme les Néerlandaises, ils ne se qualifient pas pour la grande finale et se classent 17e sur 19 participants pendant la demi-finale.

Les records linguistiques (« *What the fuck* »)*

L'Eurovision, c'est l'occasion pour certains pays de faire du racolage linguistique dans le but de s'attirer les faveurs, et donc les votes, du plus de pays possible ! Florilège.

En 1973, la Norvège envoie Bendik Singers, un groupe de quatre chanteurs qui interprète « It's Just a Game ». L'originalité de cette chanson ? Elle détient le nombre maximal de langues chantées en un temps record de 2 minutes et 20 secondes : 12 langues au total ! L'anglais et le français pour langues principales, auxquelles ont été ajoutés des mots et des expressions en allemand, mais aussi en espagnol, finnois, hébreu, irlandais, italien, néerlandais, norvégien, serbo-croate et, enfin, suédois. Les quatre Norvégiens chantent deux par deux, dans une langue différente et les uns par-dessus les autres, dans une sorte de canon… ou peut-être de cacophonie, au choix ! Ils terminent à la 7e place sur 17 participants.

À l'Eurovision Junior en 2006, la Serbie envoie la chanson « Učimo strane jezike » (en français, « Apprendre les langues étrangères »). Le groupe s'appelle Neustrašivi Učitelji Stranih Jezika, qu'on peut traduire par « les professeurs intrépides en langues étrangères ». Grâce à cette chanson, les enfants peuvent apprendre à compter en huit langues : en serbe, allemand, anglais, espagnol, français, italien, russe et même en japonais !

Le groupe Bendink Singers, lors de la finale du Melodi Grand Prix en 1973 à Oslo, Norvège.

* « C'est quoi ce bordel »

Evrydíki représentant Chypre
en 2007 à Helsinki, Finlande

LE FRANÇAIS
EN DEHORS DES PAYS FRANCHOPHONES

À l'Eurovision, il faut toujours être un peu stratège pour remporter le trophée. Rappelons le titre officiel de l'émission: « Concours Eurovision de la chanson ». C'est un concours! Et certains pays l'ont mieux compris que d'autres. On se demande même si certains pays non francophones ne l'ont pas mieux compris que nous, les Français, puisqu'ils décident de chanter dans notre langue! Chanter en français même quand on ne le parle pas? Tout est permis à l'Eurovision! Et si on peut gratter quelques points... Le public francophone représente un marché commercial d'environ 100 millions de personnes, mais aussi un public et jury de votants potentiels répartis sur cinq pays et principauté, comptant bien entendu la France, mais également la Belgique, le Luxembourg, la Suisse et Monaco (même si le Rocher ne participe plus au Concours depuis 2007). La langue française est la langue ou une des langues officielles de ces pays et principauté francophones.

En 2007, la candidate chypriote, Evrydíki, représente son île avec la chanson « Comme ci, comme ça », intégralement en français. Elle en est à sa troisième participation, mais la toute première avec une chanson en français (les deux autres étaient logiquement en chypriote). Ce ne sera pas son année, le français ne lui porte pas chance, elle ne se qualifie même pas pour la finale. Cependant, Evrydíki repart avec un double 5 points du public français et belge. Comme quoi, c'est une stratégie payante!

Zoë, chanteuse autrichienne, termine 13e de l'Eurovision 2016 avec son titre « Loin d'ici », également intégralement en français, qu'elle a étudié au lycée français de Vienne. C'est une ballade pop, présentée dans une mise en scène proche du dessin animé *Alice aux pays des merveilles*. Les pays francophones votent en masse pour la candidate, notamment la France, qui lui accorde le plus de points (16 au total, 8 du public et 8 du jury), suivie de la Suisse (14 points au total, 10 du public et 4 du jury) et de la Belgique (8 points au total, 3 du public et 5 du jury).

La candidate lituanienne Evelina Sašenko s'essaye au français avec son titre « C'est ma vie, je dis oui », prononcé phonétiquement.

Au centre : Zoe chante en français « Loin d'ici » pour l'Autriche en 2016 à Stockholm, Suède.

Malena Ernman représentant la Suède en 2009 à Moscou, Russie

Chanter intégralement en français peut aussi être un pari risqué. Alors, certains pays décident de donner seulement un titre en français à leur chanson, avec uniquement quelques phrases dans la langue de Molière pour récolter quelques points des francophones. En 2009, la Suède est représentée par Malena Ernman, chanteuse d'opéra pop, avec son titre « La Voix », qui entremêle des couplets en anglais et des refrains en français. Échec total pour la diva du Grand Nord, qui termine à la 21e place de la finale, avec seulement 2 points attribués par la France.

Hera Björk, la candidate islandaise de 2010, chante son titre eurodance « Je ne sais quoi ». Il n'y a que le titre en français, qu'elle prononce phonétiquement (et ça s'entend...), et pas un mot de plus ! Hera termine à la 19e place de la finale et ne récolte que 8 points de l'espace francophone, de la Belgique. L'année suivante, en 2011, la candidate lituanienne Evelina Sašenko s'essaye au français avec son titre « C'est ma vie, je dis oui », là aussi prononcé phonétiquement. Résultat identique à celui de l'Islandaise, Evelina termine à la 19e place mais avec zéro point de l'espace francophone. Comme quoi, il faut y mettre un peu du sien pour mériter des points francophones !

FUN FACT

Dans la famille Ernman, Malena n'est pas la membre la plus connue, car au jeu des 7 familles je demande la fille : Greta Thunberg ! Eh oui, Malena est la mère de l'activiste environnementale suédoise. À défaut d'avoir remporté le Concours avec « La Voix », le flambeau a été transmis à la jeune Greta, qui est devenue le porte-voix de la cause environnementale !

DE L'EUROVISION À L'ANGLOVISION

« RULE, BRITANNIA! »

L'anglais est progressivement devenu la langue la plus efficace pour remporter le Concours depuis 1956. Dès lors que la règle de la liberté linguistique est instaurée (de 1973 à 1976 et depuis 1999 à nos jours), l'anglais est majoritaire, pour ne pas dire écrasant, dans les chansons de l'Eurovision. Depuis 1999, environ 80 % des chansons sont entièrement ou partiellement en anglais. Au-delà des chansons participantes, concernant cette fois les chansons gagnantes, le constat est sans appel. Depuis cette année-là, on dénombre uniquement quatre vainqueurs qui ont préféré leur langue plutôt que l'anglais : en 2007, Marija Šerifović, avec « Molitva », chante en serbe ; Salvador Sobral, avec « Amar pelos dois » en portugais en 2017 ; puis Måneskin, avec « Zitti e buoni » en italien en 2021 ; et enfin le groupe Kalush Orchestra, avec la chanson « Stefania » en ukrainien en 2022. Jamala, la candidate ukrainienne gagnante de 2016, chante partiellement en anglais et en tatar de Crimée. Hormis ces cinq chansons, les dix-neuf autres vainqueurs ont toutes et tous chanté en anglais.

Des études statistiques du journal *The Economist* montrent qu'une chanson dans une autre langue que l'anglais va en moyenne recevoir 7 % de points en moins qu'une chanson en anglais. Cependant, une autre statistique montre qu'une chanson qui mélange de l'anglais et une autre langue va en moyenne recevoir 3 % de points en plus qu'une chanson intégralement en anglais. Autrement dit, vive le syncrétisme linguistique : mélangez les langues, et vous aurez plus de chance de remporter l'Eurovision… N'est-ce pas au fond la philosophie de l'Eurovision ? Les artistes se rencontrent aussi bien que leurs cultures et leurs langues : un levier fondamental pour apaiser les tensions et offrir au public européen une soirée festive qui montre la richesse culturelle de notre continent.

Sam Ryder représentant du Royaume-Uni en 2022 à Turin, Italie

BALLO DELLA VIT

Måneskin, gagnants représentant l'Italie en 2021 à Rotterdam, Pays-Bas

MÅNESKIN

Måneskin, c'est avant tout une histoire de lycée. Ce groupe est composé de Damiano David (chant), de Victoria De Angelis (basse et chœurs), de Thomas Raggi (guitare) et de Ethan Torchio (batterie). Après s'être principalement produit dans les rues de Rome, le groupe se fait connaître en Italie grâce à la 11e édition de « X Factor » (Italie) en 2017, où il atteint la 2e place.

Leur patte séduit instantanément l'Italie et ils s'offrent un premier album, *Il ballo della vita*. Les membres de Måneskin veulent réussir. L'Italie, c'est bien, le reste du monde, c'est mieux. Ils s'envolent pour Londres à la recherche de nouvelles sonorités et reviennent plus forts que jamais au Festival de Sanremo en 2021 avec leur très rock « Zitti e buoni » (« Silencieux et bien élevés »).

Måneskin, ce sont un peu les outsiders de la compétition. Personne ne misait sur une chanson hard-rock tout en italien qui n'aurait pas pu concurrencer le raz-de-marée annoncé de la France (Barbara Pravi avec « Voilà »), de la Suisse (Gjon's Tears avec « Tout l'univers ») ou encore de Malte (Destiny avec « Je me casse »). Ils ont fait leur chemin, silencieusement, grappillant de plus en plus de notoriété auprès du public et se présentant sur la scène de l'Eurovision plus glam-rock que jamais : *make-up* charbonneux, pantalon en cuir et Louboutin aux pieds… La classe italienne.

Avec un total de 524 points (318 du télévote et 206 du jury), soit 25 points devant Barbara Pravi, l'Italie remporte le Concours Eurovision de la chanson 2021 et propulse Måneskin tout en haut des charts mondiaux. C'est le début de la *success story* qu'on leur connaît aujourd'hui avec la conquête de l'Amérique et une nomination aux Grammy Awards 2023 pour le Meilleur nouvel artiste.

IV. LA FRANCO-PHONIE

La langue française est, depuis le premier jour du Concours, l'une des langues officielles de l'organisation. Chaque année, les animateurs ont à cœur de traduire en français les règles du concours et l'attribution des points pendant l'émission. « 12 points » devient ainsi, au-delà du score maximal attribuable à un pays, un gimmick français repris par toute l'Europe encore aujourd'hui. Bien que l'on puisse se lamenter du recul du français au sein du Concours face à l'hégémonique langue anglaise, seule l'édition 2022 aura été une année sans qu'un mot de la langue de Molière ait été prononcé sur la scène de l'Eurovision en chanson. (La France, avec le groupe Alvan & Ahez, se produira en chantant en breton pour montrer que nos régions ont du talent… ou pas !) Alors que dans les années 1950 et 1960 le français restait chic — même nos voisins allemands s'y sont essayés —, ce n'est plus que dans les territoires où la langue française y est officielle que celle-ci s'entonne à l'Eurovision. Il est temps d'offrir nos 12 points à la Belgique, la Suisse, le Luxembourg et Monaco, qui passent ici au crible de notre décryptage de l'Eurovision.

Céline Dion chante « Ne partez pas sans moi » et gagne pour la Suisse en 1988 à Dublin, Irlande.

LA BELGIQUE

Noir, jaune, rouge ! Trois couleurs aussi reconnaissables que notre drapeau, nos premiers voisins et amis nordiques. La Belgique aime la vie et a brillamment gagné l'Eurovision en 1986 grâce à Sandra Kim et sa chanson « J'aime la vie », une fois.

Fud Leclerc représentant la Belgique en 1958 à Hilversum, Pays-Bas

Le pays participe au Concours depuis la toute première édition, en 1956, et fait donc partie des membres fondateurs du Concours avec la France, l'Italie, l'Allemagne, la Suisse, le Luxembourg et les Pays-Bas. Lorsque les règles du jeu ont été écrites par l'UER, la condition sine qua non à la participation d'un pays était qu'il devait être représenté par sa chaîne de télévision publique, soutenue donc par son gouvernement. Or, en Belgique, il n'y a pas une chaîne publique, mais plusieurs. Pour la participation belge à l'Eurovision, la RTBF, qui représente la Belgique francophone, et la VRT, qui représente la Belgique flamande, se partagent alternativement l'organisation et la diffusion du Concours d'une année sur l'autre.

En 1956, pour le tout premier Concours, la Belgique est de la partie et Fud Leclerc (de son vrai nom Fernand Urbain Dominic Leclercq) chantera en français la déprimante « Messieurs les noyés de la Seine ». Alors que tout le monde chante la joie et l'amour, nos amis belges s'essayent ici à plomber toute l'Europe avec des paroles évoquant une vie de raté et sans espoir, où la seule issue pour l'homme désabusé est d'aller retrouver les noyés de la Seine. Bien que le style de la chanson soit typique pour l'époque, elle ne marque pas le jury. Mais Fud reprend ses esprits et du poil de la bête, revenant fringant dès 1958 avec le talent et la surprise que seule la Belgique sait offrir et une chanson sans équivoque : « Ma petite chatte ». Il va sans dire que le registre félin n'est clairement pas celui évoqué ici, et la gestuelle de notre Fud national nous le fait bien comprendre. La Belgique finira 5e cette année-là, mais, insatisfait de son score, Fud retentera une troisième fois sa chance en 1960 : 6e place. Et persévère, en 1962, où il remporte néanmoins un titre qui le fera entrer dans l'histoire du Concours : être le premier de l'histoire à obtenir… zéro point ! Bon eh bien, c'est bon maintenant, monsieur, il faut partir.

Tandis que la première décennie fait la part belle aux chanteurs et aux chanteuses solo, c'est en 1971 que la Belgique envoie avec fierté son premier duo, Nicole & Hugo, du moins ce qu'elle espérait...

Alors que les valises étaient prêtes, les voix chaudes, et les passeports parés pour l'Irlande, Nicole tombe malade et déclare forfait à quelques jours du grand départ. Derechef, la RTBF rappelle en urgence Jacques Raymond (qui représenta le pays en 1963) et Lily Castel pour se substituer au duo initial et apprendre en un temps record la chanson dans l'avion qui les mène à Dublin. Malheureusement, ils finiront 14e malgré toute la meilleure volonté du monde à réussir ce soir-là. Un mariage et deux années plus tard, Nicole & Hugo retentent leur chance au Concours 1973, toujours pour la Belgique, mais ne brillent guère plus avec leur chanson « Baby, Baby ». On imagine peut-être Pierre Tchernia, alors commentateur pour la France, s'esclaffer : « Voici donc deux aubergines qui dansent », à les voir dans leurs tuniques mauves pourvues de cols pelle à tarte et de pattes d'eph décorés de cristaux translucides. Ils finiront à la dernière place malgré tous ces efforts.

Pour la première fois au Concours, des participants, Telex, assument ne pas prendre ce dernier au sérieux.

Jean Vallée représentant la Belgique en 1978 à Paris, France

Jacques Raymond représentant la Belgique et son chef d'orchestre Francis Bay en 1963 à Londres, Royaume-Uni

L'année 1980 marque un tournant dans l'histoire de l'Eurovision avec la participation du groupe Telex, qui, à quatre lettres près, aurait pu s'appeler Xanax. Le leader du groupe, Marc Moulin, accompagné de Dan Lacksman et Michel Moers, offre une chanson électronique composée au clavier numérique à piles d'une tristesse mélodique et harmonique absolue. Leur attitude complètement désinvolte marque les esprits ce soir-là. Mains dans les poches, mouvement de balancier à faire pâlir les métronomes les plus lents et visages tristes, toute l'Europe se demande alors ce qu'ils font là. Eh bien, mesdames messieurs, Telex vous chante simplement l'Eurovision. Pour la première fois au Concours, des participants assument ne pas prendre ce dernier au sérieux. Michel Moers tente d'expliquer le choix de leur sélection par la Belgique : « Deux raisons possibles : soit ils nous trouvaient intéressants, soit ils pensaient qu'on n'allait pas gagner et que ça éviterait à la Belgique d'organiser ce concours coûteux l'année suivante. » Quant aux seuls 10 points attribués par le Portugal, Dan Lacksman dira : « Nous espérions finir derniers. On ne sait pas ce qui leur a pris, c'est dommage ! »

Après la déprime, Juvamine ? L'Eurovision 1986 est accueillie cette année à Bergen, en Norvège, où, il faut bien l'avouer, aucune chanson ne tire vraiment son épingle du jeu. Aucune ? C'était sans compter sur la Belgique, bien évidemment ! Escarpins et pantalon rose fuchsia, veste blanche aux larges épaulettes, nœuds papillons roses et coupe mulet en prime, c'est non sans fierté que le pays remporta ce soir-là le Concours avec Sandra Kim. Accompagnée de quatre choristes trois à quatre fois plus âgés qu'elle, Sandra vient de sa

Sandra Kim chante « J'aime la vie » et gagne pour la Belgique en 1980 à La Haye, Pays-Bas.

grande expérience nous dire qu'elle « aime la vie » comme personne. Sa prestation dynamique et terriblement enjouée bouscule la cérémonie et fait rayonner le pays. Ancrée comme aucune autre dans les années 1980, « J'aime la vie » donne à quiconque l'écoute encore aujourd'hui l'opportunité de se trémousser, si ce n'est de se laisser complètement embarquer par la musique. Âgée alors seulement de 13 ans (ses managers ont prétendu qu'elle en avait 15 pour la faire participer au Concours), elle remporte alors la 1re place avec 176 points devant la Suisse. Elle devient et reste à jamais la plus jeune gagnante de l'Eurovision, les règles minimales d'âge ayant changé depuis (voir chapitre sur l'Eurovision Junior). Lors d'une récente interview faite pour la RTBF, Sandra Kim raconte, en novembre 2021: « Au moment où je gagne, je comprends que ma vie va changer. Je suis à la fois triste et contente. Mais j'aurais quand même préféré ne pas gagner l'Eurovision. Quand vous gagnez, on vous colle une étiquette à vie. Et une fois l'euphorie de la victoire passée, ça redescend. La mayonnaise retombe. Le métier de chanteuse n'est pas si facile. J'ai connu des hauts, j'ai connu beaucoup de bas, mais maintenant ça va. »

« Au moment où je gagne, je comprends que ma vie va changer. Je suis à la fois triste et contente. Mais j'aurais quand même préféré ne pas gagner l'Eurovision. »

SANDRA KIM

La Belgique n'a remporté qu'une fois le Concours et Sandra Kim reste à ce jour l'ambassadrice de l'Eurovision dans le pays.

Une autre prestation de la Belgique qui restera à jamais gravée dans l'histoire de l'Eurovision est celle de la chanteuse Barbara Dex, en 1993, avec sa chanson « Iemand als jij » (« Quelqu'un comme vous »). Pas comme tout le monde visiblement, puisqu'en plus d'arriver dernière cette année-là en Irlande, elle donnera naissance au prix éponyme créé par deux fans du Concours qui souhaitaient alors distinguer, en hommage à sa tenue, les prestations les plus discutables, pour ne pas dire franchement ringardes. Le Prix Barbara-Dex existe toujours aujourd'hui et décerne chaque année, à l'issue d'un vote sur Internet, le prix au concurrent ou à la concurrente le ou la plus mal fagoté(e).

Après avoir essuyé quelques déconvenues, la Belgique redore son blason en 2003 avec la chanson « Sanomi », du groupe Urban Trad, qui atteint la 2e place à seulement 2 points de la Turquie victorieuse avec sa chanson « Everyway That I Can ». « Sanomi » séduit par ses tonalités pop et celtiques, mais surtout réussit à convaincre tout le monde par ses paroles... qui ne veulent rien dire ! En effet, pour éviter toute tergiversation entre les langues officielles du pays, à savoir le français, le néerlandais et l'allemand, le télédiffuseur a pris la décision d'inventer un nouveau langage qui mettra tout le monde d'accord. C'est la meilleure place du pays à ce jour après la victoire de Sandra Kim, en 1986. Jean Vallée, qui interpréta « L'amour ça fait chanter la vie », partage ainsi sa 2e place, obtenue en 1978 avec les chanteuses d'Urban Trad, Veronica Codesal et Soetkin Collier.

Alors que la Belgique fait partie des sept membres fondateurs du Concours sans jamais avoir manqué une seule participation depuis 1956 (contrairement à la France), elle ne figure pas dans le « Big Five », ce groupe des happy few composés de l'Allemagne, de l'Espagne, de l'Italie, du Royaume-Uni et de la France. Les membres du « Big Five » sont simplement les plus gros contributeurs financiers au Concours, qui par conséquent disposent d'un passe-droit pour accéder directement en finale. Mises en place depuis les années 2000, les demi-finales permettent une participation d'un plus grand nombre de pays au Concours et de limiter les concurrents au nombre maximal de 25 le soir de la finale, après bon nombre d'éliminations. Et, alors que les Belges ont toujours été de la fête, les années 2000 ne leur auront malheureusement pas été bénéfiques, puisqu'ils n'ont pas su passer en finale les années suivantes.

Souvenez-vous, Kate Ryan reprit à la sauce eurodance « Désenchantée » de Mylène Farmer, « Ella, elle l'a » de France Gall et « Voyage, voyage » de Desireless notamment. On lui doit de grands moments de musique dans les années 2000. Nous aussi, on t'adore.

Les participations marquantes

2005
Nuno Resende
« Le Grand Soir »

2006
Kate Ryan
« Je t'adore »

2007
The KMG's
« Love Power »

2008
Ishtar
« O Julissi »

2009
Patrick Ouchène
« Copycat »

2011
Witloof Bay
« With Love Baby »

2012
Iris
« Would You? »

2014
Axel Hirsoux
« Mother »

2018
Sennek
« A Matter of Time »

2019
Eliot Vassamillet
« Wake Up »

Geike Arnaert du groupe Hooverphonic représentant la Belgique en 2021 à Rotterdam, Pays-Bas

Depuis 2021 et l'après Covid-19, la Belgique étonne et surprend très agréablement sur l'ensemble de ses propositions avec un message clair : gagner de nouveau le Concours.

Quand la Belgique décide de revenir sur le devant de la scène, elle frappe fort ! Comme beaucoup de pays, elle va alors puiser ses talents là où la renommée se crée, c'est-à-dire dans le nouveau télécrochet qui se déploie partout dans le monde : « The Voice ». Loïc Nottet, après un parcours exemplaire dans la troisième saison de « The Voice Belgique », est sélectionné par la RTBF pour représenter le pays au Concours Eurovision de la chanson 2014. Il offrira une magnifique 4e place à son pays avec la chanson « Rhythm Inside », dont il fut pour l'occasion l'auteur-compositeur et interprète. Fort de ce succès, il montera alors sur les planches de « Danse avec les stars », sur TF1, et remportera le titre à l'issue de plusieurs semaines acharnées de danses diverses. Dès lors, sa notoriété est assise et sa carrière décolle, notamment avec le single « Million Eyes », sorti et diffusé sur toutes les ondes dès octobre 2016.

Depuis 2021 et l'après Covid-19, la Belgique étonne et surprend très agréablement sur l'ensemble de ses propositions avec un message clair : gagner de nouveau le Concours. Le pays, comme beaucoup d'autres, change son fusil d'épaule face à l'Eurovision et reconsidère le Concours comme un tremplin international inestimable pour ses artistes. C'est ainsi que le groupe Hooverphonic, à qui l'on doit notamment le célèbre titre « Mad About You », monte sur scène pour représenter son pays en 2021 avec la chanson « The Wrong Place ». Malheureusement, on se demande encore si le titre de la chanson n'était pas annonciateur de l'état d'esprit du groupe, qui, le soir de la finale, n'a su embarquer les foules. Ils ont fini 19e.

En 2022, Jérémie Makiese nous offre un titre pop très bien produit et riche d'une musicalité proche de Justin Timberlake et des Backstreet Boys. C'est pêchu, un peu avant-gardiste peut-être sur le côté revival des

Mustii « Before the Party is over » pour la Belgique en 2024 à Malmö, Suède

Plébiscité par les bookmakers lors de la révélation de sa chanson « Before The Party's Over », Mustii, principalement connu à l'international comme l'un des juges permanents de « Drag Race Belgique » a malheureusement déçu lors de l'Eurovision 2024.

années 2000, mais « Miss You » fonctionne à l'oreille. Il ne séduira pourtant pas le public européen le soir de la finale et finira à une incompréhensible 19e place.

En anglais, une expression qui ressort souvent chez les bookmakers est celle du *black horse,* ce « cheval noir » sur lequel personne ne misait au départ et qui fait un score dépassant toutes les espérances le soir du Concours. Cette histoire, c'est celle du chanteur Gustaph en 2023 et de sa chanson « Because of You ». D'abord sélectionné grâce au télécrochet national et loin d'avoir été annoncé favori, son titre, très inspiré des tendances hip-hop des années 1990, offre le soir de la finale une 7e place à la Belgique contre toute attente. La joie de vivre de Gustaph et sa prestation ont réussi à séduire le public et resteront un marqueur fort de cette année 2023, contrairement à d'autres chanteuses francophones.

Plébiscité par les bookmakers lors de la révélation de sa chanson « Before The Party's Over », Mustii, principalement connu à l'international comme l'un des juges permanents de « Drag Race Belgique », a malheureusement déçu lors de l'Eurovision 2024. Bien que la chanson fonctionne à merveille par sa construction crescendo et son orchestration théâtrale, la prestation live a peiné à séduire et n'a pas été à la hauteur de l'ampleur de sa version studio. La Belgique figure malheureusement en 2024 sur la liste des non-qualifications surprises. Elle prouve, une fois de plus, qu'une chanson, si bonne soit elle, doit être servie par une mise en scène et une prestation impeccables pour espérer répondre à l'exigence de la compétition.

LA SUISSE

Membre du club des fondateurs de l'Eurovision depuis 1956, la Suisse accueille sur son territoire le siège de l'Union européenne de radio-télévision (UER), l'institution qui a créé le Concours en 1955 grâce à l'idée de Marcel Bezençon, son directeur de 1954 à 1970.

Lys Assia reçoit le disque d'or pour sa chanson « Refrain » de la part de la société Decca, Allemagne, années 1950.

Il faut bien admettre qu'avoir l'idée d'un programme qui fédère et euphémise les tensions de tout un continent ne pouvait venir que d'un pays à la neutralité reconnue. Enfin, neutre… L'un des plus grands mystères qui demeure aujourd'hui dans l'histoire du Concours reste toutefois les coulisses de sa première édition, que nous pouvons clairement qualifier d'obscure…

En 1956, sept pays se retrouvent en direct de Lugano, en Suisse italienne, pour s'affronter dans un concours de chansons qui deviendra en quelques années un rendez-vous incontournable pour tous les Européens. La Belgique, les Pays-Bas, l'Allemagne, l'Italie, le Luxembourg, la France et la Suisse se réunissent donc pour présenter et faire élire, par un jury, la plus belle chanson européenne de l'année. Chaque pays dispose d'un double tour de chant. Lys Assia, déjà star à l'époque avec de multiples chansons et films à son actif, représente et fait briller la Suisse au Concours en interprétant deux chansons : « Das alte Karussell » (« Le Vieux Carrousel ») et « Refrain », titre qui la fera remporter le prix de 1956 et entrer ainsi dans la postérité. Bravo, Lys ! Enfin, bravo… Ce que l'Histoire nous raconte de cette victoire, c'est que justement nous ne savons pas comment elle a remporté le fameux trophée ! En effet, sans aucun mécanisme de points et de classement, le jury s'est contenté, après consultation, de désigner la gagnante de manière somme toute arbitraire, si ce n'est peu réglementaire. Rien, dans l'histoire et les archives du Concours, ne permet d'expliquer ou de comprendre le choix de cette chanson vis-à-vis des autres. La Suisse qui crée le Concours, la Suisse qui organise le Concours, la Suisse qui gagne… La Suisse si neutre ? À vous de vous faire votre propre avis. Retenons toutefois que « Refrain » reste, pour de nombreux fans de l'Eurovision aujourd'hui encore, le bijou de famille au plaisir suranné à ne pas critiquer. Forte de son succès, Lys revient dans le Concours l'année suivante avec « L'enfant que j'étais » — mais finira 8ᵉ sur 10 — et en 1958 avec « Giorgio », où elle manquera de peu remonter une nouvelle fois sur la première marche du podium, s'inclinant devant la France avec André Claveau et sa chanson « Dors, mon amour », qui deviendra le premier à décrocher le trophée pour le pays.

Ce que l'Histoire nous raconte de cette victoire, c'est que justement nous ne savons pas comment elle a remporté le fameux trophée !

Céline Dion remporte pour la Suisse le trophée en 1988 avec la chanson « Ne partez pas sans moi »

Céline Dion chante «Ne partez pas sans moi» et gagne pour la Suisse en 1988 à Dublin, Irlande

Quand la Suisse gagne, elle s'arrange pour entrer dans l'Histoire. Aussi, le 2e et dernier trophée remporté à date par le pays l'a été avec la chanson « Ne partez pas sans moi », interprétée par Céline Dion alors toute débutante dans le milieu. Un sacré coup de maître de la part de son manager et producteur René Angélil, qui fera entrer l'artiste au panthéon des stars internationales avec l'époustouflante carrière qu'on lui connaît aujourd'hui.

Les femmes ont la part belle dans la délégation suisse. Ce n'est qu'en 1962 qu'un homme aura l'occasion de porter la voix du pays au Concours. Avec sa chanson « Le Retour », Jean Philippe finit à la 10e place.

En 1968, le Concours se diffuse pour la première fois en couleurs et la Suisse s'en donne à cœur joie. Gianni Mascolo chante avec une voix incroyable en italien « Guardando il sole » (« En regardant le soleil »), action que nous impose la délégation pendant 3 minutes, puisque le costume abricot lumineux du chanteur, aux lunettes assorties, nous chatouille encore la rétine.

Henri Dès et Patrick Juvet, vous connaissez sans doute ces artistes. Le premier est principalement connu pour avoir été l'idole des plus petits, avec son répertoire musical pour enfants, quand le second nous a fait nous trémousser des heures durant sur son tube disco « Où sont les femmes ? ». Tous deux ont représenté la Suisse au Concours Eurovision de la chanson, respectivement en 1970 et 1973. « Ça vous met en lumière pendant un certain temps, mais c'est une voie de garage. Il faut juste savoir bien s'en servir. Pour moi ça m'a été utile, car j'en suis sorti 3e », témoigne Henri Dès en 2023 sur le plateau de la RTS[1]. Patrick Juvet, quant à lui, finira 13e du Concours avec sa chanson « Je vais me marier, Marie ».

S'il y a bien une participation qui, après Céline Dion, inscrit la Suisse dans l'histoire de l'Eurovision, c'est celle de 1976 avec le retour de Peter, Sue & Marc (ayant précédemment participé au Concours en 1971) et de leur angoissant clown « Djambo Djambo ». On se demande encore aujourd'hui si le traumatisme offert au monde par cette prestation, qui finira tout de même 4e, n'a pas inspiré Stephen King.

1. « Le 19h30 », 14 mai 2023.

Peter, Sue & Marc et leur clown triste représentant la Suisse en 1976 à La Haye, Pays-Bas

Non contents de leur fait d'armes, Peter, Sue & Marc reviennent sur la scène de l'Eurovision une troisième fois en 1979 et une quatrième fois en 1981 pour défendre les couleurs de leur pays, à chaque fois dans une langue différente, sans jamais gagner pour autant. N'est pas Loreen qui veut.

En 1986, la francophonie a le vent en poupe : alors que la Belgique finit 1re avec Sandra Kim, Daniela Simons pour la Suisse se tiendra sur la 2e marche du podium avec « Pas pour moi ». C'était écrit.

Les années 2000 et 2010 sont noires pour la Suisse. Bien que membre fondateur du Concours, le pays n'a pas son passe-droit pour arriver en finale. Aussi, faute de meilleur score, la Suisse se retrouve à ne pas franchir les demi-finales les années suivantes.

2006, l'année de tous les contrastes. Sur le papier, la Suisse arrive avec une idée pourtant bonne : monter un groupe de toutes pièces baptisé Six4one (une riche idée trouvée sans doute par Bruno Vandelli). Quoi de mieux que de montrer une unité européenne sur la scène avec un métissage de nationalités adorable pour chanter l'amour et la paix ? Andreas Lundstedt (suédois), Liel Kolet (israélienne), Tinka Milinović (bosnienne), Claudia D'Addio (suisse), Keith Camilleri (maltais) et Marco Matias (allemand) interprètent « If We All Give a Little ». Malheureusement, cet ersatz de « We Are the World » paraîtra bien fade à côté du révolutionnaire groupe de metal finlandais Lordi et de leur son déjanté, « Hard Rock Hallelujah ».

Les participations marquantes

2007
DJ BoBo
« Vampires Are Alive »

2008
Paolo Meneguzzi
« Era stupendo »

2009
Lovebugs
« The Highest Heights »

2010
Michael von der Heide
« Il pleut de l'or »

2012
Sinplus
« Unbreakable »

2013
Takasa
« You and Me »

2015
Mélanie René
« Time to Shine »

2016
Rykka
« The Last of Our Kind »

2017
Timebelle
« Apollo »

2018
Zibbz
« Stones »

Gjon's Tears tout en poésie avec sa chanson « Tout l'univers » pour la Suisse en 2021 à Rotterdam, Pays-Bas

Plus proche de nous, la Suisse n'arrête pas de nous surprendre et de nous proposer des chansons qui marquent les esprits et finissent régulièrement dans le top du classement. En 2019 nous avons la chance de découvrir Luca Hänni et son entraînant titre « She Got Me », qui finira 4e cette année-là et sur lequel on a de cesse de se trémousser dans les EuroClubs. Et puis, en 2021, c'est la claque avec Gjon's Tears et son titre « Tout l'univers ». Lors d'une interview accordée à « 12 Points — le Podcast qui décrypte l'Eurovision », Gjon's Tears raconte : « Après l'annulation de l'édition 2020, j'ai eu la frustration de ne pas avoir pu participer au Concours. S'en sont suivis des camps d'écriture avec Wouter Hardy (compositeur de la chanson "Arcade" de Duncan Laurence, gagnant 2019), et "Tout l'univers" est née pour le Concours 2021. Je sais qu'il y avait une attente des gens à mon égard, puisque les bookmakers m'avaient placé très haut en 2020, alors j'avais peur de décevoir. C'est pour cela que nous sommes allés vers quelque chose de plus cinématographique en matière de sons. L'une des influences de la chanson, c'était Woodkid, qui aura d'ailleurs été l'un des premiers artistes à venir me féliciter après la révélation de la chanson. » Gjon's Tears arrivera 3e ce soir-là, derrière Barbara Pravi pour la France et les Måneskin pour l'Italie.

Premier•ère artiste non binaire revendiqué•e, Nemo a remporté sans équivoque la victoire du jury.

Quelques jours à peine après la victoire de Nemo à l'Eurovision 2024, Lausanne, Zurich, Genève, Berne, Bâle ou encore Saint-Gall se sont proposées pour accueillir l'édition en 2025. Preuve s'il en est de l'enthousiasme toujours présent et des intérêts économiques certains qu'il y a pour une agglomération d'accueillir le concours sur son territoire. C'est avec sa chanson « The Code » que Nemo est entré•e virevoltant•e dans l'histoire de l'Eurovision. Premier•ère artiste non binaire revendiqué•e, Nemo a remporté sans équivoque la victoire du jury avec 19 scores de 12 points reçus, grâce à sa prestation impeccable et sa mise en scène étourdissante. Un record.

LE LUXEMBOURG

Trente et un ans. Voilà plus d'une génération que le Luxembourg n'a plus pris part au Concours Eurovision de la chanson. Il revient en fanfare en 2024 avec la chanteuse Tali et son titre « Fighter » pour le plus grand plaisir des Européens et des eurofans, car, vous allez le voir, les participations du plus petit pays de l'Union ont toujours été fortes et singulières.

Michèle Arnaud, représentante du Luxembourg en 1956, sur le plateau de l'émission de télévision française « Les Raisins verts » en 1965

Le pays a régulièrement été évincé par les nouvelles règles du jeu dans les années 1990. Celles-ci reléguaient alors les six pays ayant récolté le moins de points au tableau des scores, ne leur permettant ainsi plus de participer au Concours l'année suivante. Le principe des demi-finales n'a été mis en place que bien plus tard pour y remédier. Le Luxembourg, alors 20e en 1993, décida de se retirer et ne revint plus, prétextant notamment un « manque de moyens ». C'est donc, de manière véridique et sans ironie, que le groupe Modern Times, avec leur chanson « Donne-moi une chance », sonna le glas en 1993 de la participation du pays à l'Eurovision. On est à deux doigts d'imaginer les animateurs de chez Disney prendre Jimmy Martin comme modèle pour le Mufasa du *Roi lion,* qui sortira deux ans après au cinéma.

Le pays, membre fondateur du Concours depuis 1956, donne le ton dès la première année. Le Luxembourg, bien que petit par sa taille, offre des propositions musicales fortes et mémorables. C'est ainsi que Michèle Arnaud, dès la première année, bouscule la bienséance avec sa chanson « Ne crois pas », aux paroles loin des conventions de l'époque.

Le Luxembourg remporte le Concours à cinq reprises : en 1961, avec Jean-Claude Pascal et « Nous les amoureux » ; en 1972, avec Vicky Leandros et « Après toi » ; en 1973, avec Anne-Marie David et « Tu te reconnaîtras » ; en 1983, avec Corinne Hermès et « Si la vie est cadeau » ; mais surtout, en 1965, l'année qui propulsera France Gall au rang de star, avec « Poupée de cire, poupée de son ». Aucune délégation n'a formé ou fait appel à autant de stars dans l'histoire de l'Eurovision que le Luxembourg. Sont ainsi passés sous le drapeau aux lignes horizontales : l'intemporelle Nana Mouskouri, en 1963, avec « À force de prier », qui finit 8e sur 13 ; le jeune premier Hugues Aufray, en 1964, avec « Dès que le printemps revient », au pied du podium avec une 4e place ; la mutine Michèle Torr, en 1966, avec « Ce soir je t'attendais », 10e cette année-là ; le groupe disco Baccara, en 1978, avec « Parlez-vous français ? », 7e ; la glamour Jeane Manson, en 1979, avec « J'ai déjà vu ça dans tes yeux », 13e sur 18 ; le coloré Plastic Bertrand, en 1987, avec « Amour, Amour », à deux doigts de finir avec zéro point, mais qui en récoltera 4 et finira avant-dernier ; et bien sûr l'émouvante et passionnée Lara Fabian, en 1988, avec son titre « Croire », qui offrira une magnifique 4e place au pays.

Si le Luxembourg est mémorable pour l'Eurovision, ce n'est pas que pour le talent d'avoir révélé des stars, c'est aussi et surtout pour offrir aux téléspectateurs des prestations totalement barrées.

France Gall gagnante représentant le Luxembourg en 1965 à Naples, Italie

En bas à droite : Nana Mouskouri répresentante du Luxembourg avec Jørgen & Grethe Ingmann, candidats pour le Danemark lors de l'Eurovision 1963 à Londres, Royaume-Uni

Mais si le Luxembourg est mémorable pour l'Eurovision, ce n'est pas que pour le talent d'avoir révélé des stars, c'est aussi et surtout pour offrir aux téléspectateurs des prestations totalement barrées, presque gênantes qui, on doit bien se l'avouer, font pourtant l'âme de ce concours.

Et c'est ainsi qu'en 1980, à la surprise générale du public et du monde entier, Sophie & Magaly débarquent sur la scène accompagnées d'un manchot empereur à lunettes pour interpréter la sidérante chanson « Papa Pingouin ». Les puristes auront noté ici l'erreur grossière faite par la délégation, le costume de cet homme à lunettes n'étant nullement celui d'un pingouin, mais ne nous y attardons pas. La vraie question est plutôt : comment en sommes-nous arrivés là ? L'entrée en fanfare dans la décennie des années 1980 justifie cette audace, tout comme celle de réussir le coup d'aller séduire aussi les prescripteurs de disques à l'époque : les enfants. La chanson « Papa Pingouin » est écrite par deux auteurs pourtant bien connus, Pierre Delanoë (qui a composé entre autres de gros succès, comme « Laissez-moi danser » pour Dalida, « Les Lacs du Connemara » pour Michel Sardou ou pour les fins de soirées étudiantes, on ne sait plus, ou encore « Les Champs-Élysées » pour Joe Dassin) et Jean-Paul Cara. Ce dernier a notamment une expérience notable à l'Eurovision, puisqu'il a offert la victoire en 1977 à Marie Myriam et sa chanson « L'Oiseau et l'Enfant ». À seulement 17 ans, Sophie et Magaly, connues sous le nom des « jumelles », ont malheureusement pris une

Sophie & Magaly et le fameux « Papa Pingouin » représentant le Luxembourg en 1980 à La Haye, Pays-Bas

David Alexandre Winter représentant le Luxembourg en 1970 à Amsterdam, Pays-Bas

En 1970, c'est le père d'Ophélie Winter, David Alexandre Winter, qui prend le micro pour le pays et interprète « Je suis tombé du ciel ».

douche glaciale sur la banquise après le Concours, en réalisant que leur contrat ne leur garantissait que très peu de droits sur les ventes de disques de cette chanson qui, malgré une 9ᵉ position à l'Eurovision, s'est vendue à des millions d'exemplaires à travers toute l'Europe (disque de platine en France avec près de 300 000 disques vendus).

Séduire les enfants, le Luxembourg s'y était pourtant déjà essayé (et cassé les dents) en 1971 avec Monique Melsen et sa chanson « Pomme, pomme, pomme ». Une ritournelle insupportable qui, répétée bien trop de fois, cherchait sans doute à l'époque à récupérer les premiers votes végans.

En 1970, c'est le père d'Ophélie Winter, David Alexandre Winter, fort de son succès avec son titre « Oh Lady Mary », qui prend le micro pour le pays et interprète « Je suis tombé du ciel ». Sa chanson n'aura séduit personne ce soir-là dans les jurys, au grand dam de son ego, et récoltera un zéro pointé.

MONACO

La principauté de Monaco a participé à l'Eurovision de 1959 à 1979, puis de 2004 à 2006. Le pays réussit la prouesse qu'aucun autre pays participant n'a réalisée à ce jour : chanter en français à chacune de ses participations. Bravo !

Les candidats du concours de l'Eurovision 1963 à Londres, Royaume-Uni

En 1959, Monaco prend part à la compétition le 11 mars en direct du Palais des festivals de Cannes, la France ayant remporté la mise l'année passée grâce à André Claveau et à sa célèbre chanson subjective « Dors, mon amour ». Au clair de la lune, Jacques Pills et sa chanson « Mon ami Pierrot » n'ont pas brillé. Sa chandelle était bien morte, il a fini 11e... sur 11 ! Dure entrée en matière.

Françoise Hardy est dépêchée par Monaco pour les représenter en 1963 avec sa chanson « L'amour s'en va ». Star montante de la chanson française et adepte des airs mélancoliques, Françoise reste fidèle à son style jusqu'à se demander alors, en la voyant interpréter sa chanson, si on ne l'a pas forcée à être là. Malgré son manque de confiance et ses doutes en l'amour, Françoise crève l'écran de sa beauté simple et ravageuse. Elle racontera au journal *Elle* quelques années après que : « Être amoureuse, c'est être malheureuse, inquiète, jalouse, jamais tranquille ! Mais quand on ne l'est pas, c'est fou ce qu'on s'ennuie. » Elle finira 5e.

Onze ans après sa première participation au Concours pour le Luxembourg, c'est Michèle Torr qui revient sur la scène de l'Eurovision pour Monaco avec une chanson étrange, puisqu'elle passera 3 minutes à se vanter d'être « une petite Française ». Le prince a dû apprécier. Elle se hissera à la 4e place ce soir-là.

Mary Cristy enchante l'Eurovision 1976 avec sa chanson dynamique et réjouissante « Toi, la musique et moi ». Monaco montera sur le podium avec une belle 3e place.

L'année 1971 restera dans l'histoire du Concours : Séverine et sa chanson « Un banc, un arbre, une rue » offriront au pays son seul et unique trophée.

Lise Darly représentant Monaco en 2005 à Kiev, Ukraine

Séverine Ferrer danse et chante « La Coco-dance » pour Monaco en 2006 à Athènes, Grèce

En 1979, Laurent Vaguener défend son drapeau avec « Notre vie c'est la musique ». Sans doute uniquement la sienne alors, puisqu'il ne séduit pas grand monde ce soir-là et, pire, signe la dernière participation de Monaco avant son retour dans le Concours vingt-cinq ans plus tard.

Nous sommes dans les années 2000 et, désormais, pour prendre part à la grande finale de l'Eurovision du samedi soir, il faut avoir réussi à franchir le cap des « demis ». Monaco retentera l'expérience alors trois dernières fois.

Avant-gardiste et fière, Märyon chante en 2004 son ode écologique sans doute un peu trop naïve « Notre planète », mais qui ne séduit pas vraiment, puisqu'elle termine 19e et ne sera pas sélectionnée pour la finale.

Mais Monaco se relève, avec courage, et envoie l'année suivante Lise Darly, qui donnera « Tout de moi ». Visiblement pas assez, puisque, rebelote, le pays ne passera pas la barre des demi-finales en 2005.

Jamais deux sans trois ? Allons, allons, on tente quand même le tout pour le tout. Et voici que Séverine Ferrer, sans doute « Fan de » l'Eurovision, vient s'essayer à la chanson avec sa « Coco-dance » aux airs des Caraïbes ratés. Rappelons que le Concours Eurovision est un concours de chansons. Il faut donc savoir chanter. Et malgré son minois et sa notoriété, Séverine Ferrer sonnera alors le glas de la participation de Monaco à l'Eurovision. Ne passant pas les demi-finales une fois de plus, le pays décide, à l'issue de ces *annus horribilis,* de ne plus prendre part à la fête. Nous n'avons ainsi plus vu le Rocher secouer son drapeau blanc et rouge depuis lors.

FRANCE GALL

France Gall | « Poupée de cire, poupée de son », Luxembourg, 1965. France Gall a tout juste 17 ans quand elle participe au Concours Eurovision pour représenter le Luxembourg. Pourtant, elle a déjà un sacré bagage. C'est une vedette qui évolue parmi celles de « Salut les copains », émission radiophonique et magazine phare des années 1960. Son père, l'auteur et compositeur Robert Gall, lui a déjà concocté plusieurs titres passés complètement inaperçus, comme « J'entends cette musique » ou « Pense à moi » (qu'elle a d'ailleurs coécrit avec lui), mais surtout un titre la révèle véritablement au grand public : « Sacré Charlemagne », en 1964. Cette chanson, elle n'en voulait pourtant pas. « "Sacré Charlemagne", j'en étais malade », raconte-t-elle des années plus tard. En 1965 sort ensuite « Laisse tomber les filles », la même année que celle de sa participation à l'Eurovision. À l'écriture et à la composition de ce tube, un certain Serge Gainsbourg… C'est à l'issue de cette collaboration fructueuse que l'homme à la tête de chou lui écrit et compose également le tube de l'Eurovision 1965 : « Poupée de cire, poupée de son ».

Elle s'appelle France, elle est française, sa chanson est en français et composée par un artiste français… C'est bleu, c'est blanc, c'est rouge, mais pas dans le bon sens. En effet, c'est la chaîne privée Télé Luxembourg qui décide de la sélectionner et de profiter de ses talents incroyables. Rappelons qu'aucune règle dans le Concours n'oblige le représentant d'un pays à avoir la nationalité de celui-ci. Sur le papier, tout était censé rouler. Une bonne chanson, une artiste en vogue, une émission festive et, pourtant… en coulisses, c'est le drame. À Naples, ce soir-là, les musiciens trouvent le tempo de « Poupée de cire, poupée de son » trop rapide (tous les candidats sont accompagnés par un orchestre live au Concours jusqu'en 1996). Gainsbourg s'énerve et menace de retirer la chanson du Concours lors des premières répétitions. Parallèlement à ces coups d'éclat, la tension monte également avec Claude François, le petit ami de la chanteuse à l'époque. Ambiance électrique.

Ce soir de finale, le 20 mars, France monte sur scène dans sa petite robe blanche « *so sixties* ». Sa voix légèrement nasillarde et son interprétation font mouche : le charme opère et elle remporte brillamment l'Eurovision avec 32 points, un vrai plébiscite du jury et de la salle, qui lui accorde liesse et standing ovation. France court alors pleine de joie en coulisses, se saisit d'un téléphone et demande à ce qu'on la connecte avec Claude François, tout heureuse de lui raconter sa victoire. Mais c'est la douche froide. Jaloux, il la quitte par téléphone : « Tu as chanté faux, tu étais nulle ! […] Tu as peut-être gagné, mais tu m'as perdu. »

France doit remonter sur scène pour chanter à nouveau le tube de sa victoire. Elle y retourne, avec courage, malmenée par sa concurrente Kathy Kirby. On se souvient encore des larmes discrètes qui roulent sur ses joues. La prestation de France Gall et la ritournelle « Poupée de cire, poupée de son », que nous avons en tête aujourd'hui encore, sont vues ce soir-là par près de 150 millions de téléspectateurs, un record à l'époque, notamment grâce à la récente diffusion du Concours dans les pays de l'Union soviétique.

France perd Claude, mais gagne l'Eurovision avec ce titre qui se vendra à 3,5 millions d'exemplaires et propulsera à jamais sa carrière et son nom parmi les étoiles. Un mal pour un bien.

France Gall représentant le Luxembourg en 1965 à Naples, Italie. Elle gagne le Concours avec sa chanson « Poupée de cire, poupée de son »

V. LA GÉO-POLITIQUE

L'Eurovision : l'autre concert des nations

Souvent perçu par le grand public comme un simple télécrochet, il reflète des dynamiques géopolitiques complexes qui influencent les votes et les performances des pays participants. Dans cette compétition musicale, les alliances politiques, les tensions diplomatiques et les relations historiques impactent fortement les résultats. Les pays voisins ont souvent tendance à voter les uns pour les autres, créant des blocs de votes régionaux. Par exemple, les pays nordiques (Suède, Norvège et Finlande) forment un bloc régional solidaire, tout comme les pays de l'ex-Yougoslavie ou encore Chypre et la Grèce. Ces alliances ne sont pas uniquement basées sur des liens culturels ou linguistiques, mais aussi sur des intérêts politiques partagés.

En effet, les tensions historiques et les conflits territoriaux peuvent également jouer un rôle majeur. Certains pays refusent de voter pour leurs voisins en raison de contentieux territoriaux non résolus ou de différends historiques profonds souvent liés à des guerres, c'est notamment le cas de Chypre et de la Turquie, mais aussi de la Géorgie et de la Russie, ou encore bien évidemment de l'Ukraine et de la Russie. Ces rivalités peuvent se manifester par des votes tactiques visant à boycotter un adversaire politique plutôt qu'à récompenser la prestation artistique d'une chanson. L'Azerbaïdjan et l'Arménie sont les spécialistes de cette stratégie du boycott concernant les points attribués.

Par ailleurs, la politique internationale peut également se retrouver en filigrane des performances elles-mêmes. Les artistes choisissent parfois des thèmes politiquement chargés pour exprimer des messages plus ou moins implicites ou explicites, comme Israël ou l'Arménie ont pu le faire à plusieurs reprises. Dans ce contexte, la géopolitique à l'Eurovision devient un angle d'analyse passionnant où la musique se mêle aux enjeux politiques, culturels et historiques de tout un continent. L'Eurovision dépasse alors le divertissement pur et devient reflet des complexités du paysage européen.

Cependant, n'oublions pas que la raison d'être philosophique de l'Eurovision est d'euphémiser les tensions du continent européen. C'est en tout cas l'idée politique que les fondateurs du Concours, dans les années 1950, ont souhaité mettre en avant juste après la Seconde Guerre mondiale. Lors de l'édition 2016, organisée à Stockholm, en Suède, les deux présentateurs, Petra Mede et Måns Zelmerlöw (grand gagnant de l'édition 2015 !), ont d'ailleurs rendu un hommage parodique à cet objectif pacificateur de l'Eurovision lors de leur dorénavant célèbre performance intitulée « Love Love Peace Peace ».

La présentatrice Petra Mede et le gagnant Måns Zelmerlöw interprètent ensemble «Love Love Peace Peace» durant la finale de l'Eurovision 2016 à Stockholm en Suède.

RUSSIE GÉORGIE

La chanteuse Diana Gurtskaya (au centre, Géorgie) lors de la demi-finale du Concours Eurovision de la chanson 2008 à Belgrade, Serbie

Les relations entre la Russie et la Géorgie sont tumultueuses, elles n'échappent pas aux velléités d'influence et d'expansion du géant russe dans cette zone caucasienne. La Géorgie oscille entre indépendance et occupation russe du XIXe siècle jusqu'à la révolution bolchevique de 1917, qui mettra fin à cette annexion. En 1921, la Géorgie est conquise militairement par l'Armée rouge et intègre, de force, l'URSS naissante. La Géorgie ne retrouve son indépendance qu'en 1991 suite à la chute de l'Union soviétique. L'influence russe persiste durablement dans certaines régions géorgiennes, principalement en Adjarie (Sud-Est), en Abkhazie (Nord-Ouest) et en Ossétie du Sud (Nord). Dans ce contexte, l'Eurovision est, à de multiples reprises, un terrain d'instrumentalisation parfait pour les deux États, une vraie caisse de résonance vocale et politique de leurs propagandes antagonistes.

Au tournant des années 2000, la Géorgie a réussi à reprendre le contrôle territorial et politique de l'Adjarie, mais en Abkhazie et surtout en Ossétie du Sud la situation s'envenime. La Russie fait organiser, dans ces deux régions russophones, des référendums d'indépendance vis-à-vis de la Géorgie.

Le « oui » l'emporte massivement alors qu'en parallèle des échauffourées militaires meurtrières éclatent tout au long de l'année 2008, faisant naître un contexte préguerrier. À l'Eurovision 2008, organisé à Belgrade, en Serbie, la Géorgie décide d'envoyer Diana Gurtskaya, originaire d'Abkhazie, pour représenter son pays avec la chanson « Peace Will Come » — « La paix viendra », comme une ode à déposer les armes dans un pays divisé. Diana accède à la finale et termine à une honorable 11e place, tandis que la Russie remporte le Concours cette année-là.

L'Eurovision 2009, organisé à Moscou, est l'occasion pour la Géorgie d'envoyer une chanson satirique visant directement la Russie et en particulier Vladimir Poutine, comme un message politique à la situation depuis la guerre de 2008.

En août 2008, la guerre est déclenchée. La Géorgie lance une opération armée visant à récupérer les deux territoires, défendus par des militaires russes. Non seulement les militaires géorgiens échouent à reconquérir l'Abkhazie et l'Ossétie du Sud, mais ils perdent même certains territoires du pays.

L'Eurovision 2009, organisé à Moscou, est l'occasion pour la Géorgie d'envoyer une chanson satirique visant directement la Russie, et en particulier Vladimir Poutine, comme un message politique à la situation depuis la guerre de 2008. Le groupe Stephane & 3G est sélectionné avec sa chanson « We Don't Wanna Put In » ; jeu de mots non dissimulé à l'encontre de Vladimir Poutine pouvant se traduire par « Nous ne voulons pas Put-in/Poutine ». La polémique est immédiate : après les cris d'orfraie de la Russie, l'UER demande au télédiffuseur géorgien de changer les paroles du titre, de la chanson ou d'en présenter une nouvelle. Comme un baroud d'honneur symbolique, la Géorgie refuse de changer les paroles et annonce son retrait de l'édition 2009.

Pochette d'album du groupe disco géorgien « We don't wanna put in »

ARMÉNIE AZERBAÏDJAN

Une partie des participants du 61e concours de l'Eurovision à la fin de la première demi-finale en 2016 à Stockholm, Suède

L'Eurovision est à nouveau une scène des tensions géopolitiques entre deux pays. Depuis des décennies, des guerres opposant l'Arménie et l'Azerbaïdjan déstabilisent tout le Caucase. Entre les deux pays, des revendications territoriales déclenchent des conflits militaires depuis maintenant plus d'un siècle. Spécifiquement, un territoire crispe les passions : le Haut-Karabakh. Cette région était jusqu'à récemment quasi intégralement peuplée d'Arméniens et son problème est d'être enclavée au milieu du territoire azéri. Après une première guerre entre 1988 et 1994, et un cessez-le-feu faussement respecté, une deuxième guerre se déclenche en 2020, où l'Azerbaïdjan domine militairement la région autour de cette zone disputée, allant même conquérir des territoires arméniens. Un cessez-le-feu, de nouveau plus que temporaire, est alors signé. Les tensions sont toujours vives et, progressivement, la situation dégénère.

Fin 2022, l'Azerbaïdjan coupe le corridor humanitaire de Latchine reliant l'Arménie et le Haut-Karabakh, et qui permettait aux denrées alimentaires d'arriver jusqu'aux Arméniens. En septembre 2023, l'Azerbaïdjan, soutenu militairement par la Turquie (pays opposé à l'Arménie), déclenche une nouvelle guerre pour prendre le contrôle total du territoire. La population arménienne, affaiblie, ne résiste pas longtemps et l'armée arménienne dépose les armes pour éviter un bain de sang. En quelques jours, la quasi-totalité des 100 000 Arméniens vivant dans cette région est poussée à l'exode, abandonnant tout sur leur chemin.

À l'Eurovision, cette tension séculaire entre les deux pays s'est plusieurs fois retrouvée au cœur du Concours. En 2009, le Concours se tient à Moscou. En demi-finale, la carte postale arménienne comporte des images d'un

Inga & Anush représentant l'Arménie en 2009 à Moscou, Russie

monument, situé au Haut-Karabakh, représentant une maison stylisée avec le visage de deux paysans, l'édifice est intitulé « Nous sommes nos montagnes ». L'Azerbaïdjan demande et obtient la suppression de ce passage pour la finale. Mais, lors de l'attribution des votes de la porte-parole arménienne, la télévision arménienne incruste le monument derrière la présentatrice ainsi que sur sa tablette de présentation des votes.

En 2012, l'Azerbaïdjan organise le Concours à Bakou, que l'Arménie boycotte par crainte, notamment, pour la sécurité de sa délégation. L'Azerbaïdjan en profite et diffuse, devant 200 millions de téléspectateurs, une magnifique vidéo de promotion touristique du Haut-Karabakh, partie intégrante de la culture et du territoire azéris.

En 2016, Stockholm accueille l'édition. En demi-finale, la chanteuse arménienne Iveta Moukoutchian brandit, lors des votes, le drapeau du Haut-Karabakh en plein récapitulatif des chansons. Le problème ? Cela contrevient au règlement sur les drapeaux de l'UER. Un tel règlement existe bien à l'Eurovision ! Malheureusement, le « Fun With Flags » de Sheldon Cooper, personnage principal de la série *The Big Bang Theory*, ne peut pas s'appliquer lors du concours européen. Concrètement, il est interdit de brandir un drapeau autre que celui d'un membre des Nations unies. Le télédiffuseur arménien se voit sanctionné d'une amende par l'UER et ne doit pas remontrer ce drapeau sous peine de disqualification.

L'Eurovision Junior 2020 est organisé en décembre en Pologne, mais l'Arménie se retire du Concours, car la guerre a été déclenchée en octobre 2020. C'est la France qui organise le Concours l'année suivante : représentée par la chanteuse Maléna, l'Arménie remporte l'édition avec son titre « Qami Qami ». En 2022, l'Arménie organise l'édition à Erevan, et l'Azerbaïdjan se retire alors du Concours. Le boycott réciproque semble donc être la règle entre ces deux pays, et c'est d'autant plus visible quand on analyse les votes des jurys mais également du public de chacun d'eux. À titre d'illustration, l'Eurovision 2014 est à ce sujet paroxystique. Le jury arménien a collectivement classé la chanson azérie dernière, de même que le jury azéri concernant la chanson arménienne. Certes, des goûts et des couleurs, on ne discute pas, mais l'unanimité des deux pays l'un envers l'autre semble plus que suspecte...

TURQUIE ARMÉNIE (ET AZERBAÏDJAN)

La chanson « Face the Shadow » évoque le génocide des Arméniens, qui a débuté en 1915, perpétré par l'Empire ottoman, autrement dit la Turquie actuelle.

Genealogy représentant l'Arménie en 2015 à Vienne, Autriche

Pour l'Eurovision 2015, l'Arménie décide d'envoyer le groupe Genealogy pour représenter le pays avec sa chanson « Don't Deny » (« Ne niez pas »). La chanson évoque le génocide des Arméniens, qui a débuté en 1915, perpétré par l'Empire ottoman, autrement dit la Turquie actuelle, et participe au travail mémoriel des Arméniens dans la commémoration, cent ans après, du génocide. De nombreux pays, dont la France, ainsi que des institutions internationales reconnaissent l'existence de ce massacre pendant lequel environ deux tiers des Arméniens présents dans l'Empire ottoman ont été tués. Le groupe Genealogy est composé de six chanteurs, dont cinq représentent la diaspora arménienne présente sur les cinq continents, descendants d'Arméniens qui ont fui les persécutions au début du XXe siècle. L'Azerbaïdjan et la Turquie, quand bien même cette dernière ne participe plus à l'Eurovision depuis 2012, ont fortement réagi quand l'Arménie a annoncé cette chanson pour l'Eurovision 2015. Ces deux pays ne reconnaissent pas le génocide arménien et parlent de « prétendu » génocide. Compte tenu de la teneur très politique du titre de la chanson arménienne, l'UER demande au pays de le modifier : c'est chose faite lorsque la chanson est renommée « Face the Shadow » (« Affronte l'ombre »).

Au-delà du titre de la chanson, la mise en scène arménienne a tout de même une signification politique particulière. La couleur violette choisie par le metteur en scène pour illuminer la scène ainsi que les vêtements des chanteurs est en lien direct avec le myosotis violet, symbole choisi par l'Arménie pour commémorer les 100 ans du génocide. Même la position des chanteurs sur la scène évoque cette fleur, chacun d'entre eux incarnant, par son positionnement scénique, un pétale. Enfin, même si la chanson a été renommée, les mots « *Don't deny* » sont repris au cœur du refrain de la chanson.

CHYPRE GRÈCE TURQUIE

Maríza Koch représentant la Grèce en 1976 à La Haye, Pays-Bas

Chypre est une île située tout à l'est de la Méditerranée. À travers les siècles, elle a été de multiples fois conquise, indépendante, puis de nouveau conquise, etc. Depuis 1878, l'île est sous protectorat britannique, puis devient officiellement une colonie de l'Empire britannique en 1923. Ce n'est qu'en 1960 qu'elle acquiert son indépendance. L'île est en réalité une mosaïque ethnique composée d'une population majoritairement d'origine grecque, mais également d'une minorité turque. Tout au long des années 1960 et du début des années 1970, des tensions violentes apparaissent entre une partie des Grecs — qui souhaitent rejoindre le mouvement de l'Enôsis, « l'union » en grec, ayant pour but d'unifier Chypre à la Grèce — et la minorité turque, qui s'oppose fortement à ce mouvement. Signe de l'intensité des affrontements, l'ONU intervient dès 1964 pour s'interposer entre les Chypriotes grecs et les Chypriotes turcs.

En juillet 1974, les militaires chypriotes grecs, aidés par des militaires grecs, tentent un coup d'État pour réunifier Chypre et la Grèce. La Turquie intervient alors militairement, officiellement pour protéger la minorité turque présente sur l'île. En quelques jours, le conflit militaire est gelé : le Nord est occupé, encore aujourd'hui, par la Turquie, le Sud ne rejoint pas la Grèce et reste indépendant en tant qu'État chypriote. Ce conflit entraîne des migrations massives des Chypriotes turcs vers le nord et des Chypriotes grecs vers le sud.

Ce conflit gréco-turc, qui se déroule sur le territoire insulaire chypriote depuis les années 1960, trouve encore une fois une chambre d'écho continentale lors du Concours. La Grèce participe pour la première fois à l'Eurovision en avril 1974, tandis que la Turquie débute en mars 1975. Mais l'invasion militaire turque à Chypre ayant débuté à l'été 1974, la Grèce décide de boycotter l'édition 1975 en raison de la présence de la Turquie au Concours. En 1976, c'est l'inverse. Cette année-là, la Grèce envoie Maríza Koch chanter « Panagia mou, Panagia mou » (« Oh mon Dieu, Oh mon Dieu »), qui, sans citer explicitement la situation chypriote, évoque et critique l'invasion turque de 1974. La chanson parle notamment des réfugiés chypriotes ayant dû quitter l'île et vivant sous des tentes.

Sertab Erener gagne pour la Turquie en 2003 à Riga, Lettonie.

La Turquie, sans participer au Concours cette année-là, diffuse tout de même l'intégralité de l'Eurovision 1976 à l'exception… de la chanson grecque, qu'elle censure ! Pendant la performance de Maríza, les téléspectateurs turcs ont pu entendre une chanson nationale turque.

L'année suivante, en 1977, la Turquie boycotte. Il aura fallu attendre 1978, lors du Concours organisé en France suite à la victoire de Marie Myriam avec « L'Oiseau et l'Enfant », pour que les deux pays participent en même temps au Concours ! Chypre, quant à elle, rejoint l'UER et débute à l'Eurovision en 1981.

Ces trois pays sont intéressants à analyser à l'Eurovision quand on se penche sur les votes réciproques. Chypre et la Grèce sont les deux pays qui se sont échangés le plus de points dans toute l'histoire du Concours depuis 1956. Entre 1975 et 2003, en moyenne, la Grèce donne 9,7 points à Chypre et, en échange, Chypre lui en octroie 10,7. En revanche, jusqu'en 2003, et durant les dix-neuf Concours où Chypre et la Turquie ont participé ensemble à l'Eurovision, ils se sont échangé… zéro point ! Aucun hasard, la géopolitique l'explique, c'est la conséquence du conflit militaire à l'œuvre depuis les années 1970 sur l'île de Chypre. En 2003, l'inconcevable se produit : la Turquie remporte l'édition, pour la seule et unique fois, avec Sertab Erener et sa chanson « Everyway That I Can ». Le miracle se cache dans les points reçus par la candidate turque. Tout d'abord, la Grèce lui octroie 7 points, mais, surtout, Chypre donne 8 points à la Turquie !

Dès lors, une fois cette digue mentale rompue, les duos Chypre/Turquie et Turquie/Grèce se sont de temps en temps échangé des points, bien entendu, sans jamais atteindre les sommets échangés entre la Grèce et Chypre. Ce dernier, depuis son entrée dans le Concours, revendique très clairement son attachement à la langue et à la culture grecques. Quand le règlement imposait de chanter dans sa langue nationale, le pays a exclusivement chanté en grec entre sa première participation, en 1981, et la liberté linguistique réinstaurée en 1999. De plus, de nombreux candidats représentants chypriotes sont en réalité des artistes grecs, comme Eleni Foureira, ou parfois des artistes gréco-chypriotes, comme Anna Vissi, qui a représenté l'île en 1982 mais aussi la Grèce en 2006. Cette dernière aussi est parfois représentée par des candidats chypriotes ou gréco-chypriotes. Ces deux pays vivant donc dans le même espace culturel et linguistique, vous serez moins surpris par les 12 points échangés quasi automatiquement par les représentants helléniques et chypriotes.

ISRAËL PAYS ARABES

Le groupe Izhar Cohen & Alphabeta représentant Israël en 1978 à Paris, France

N'importe quel télédiffuseur présent dans la zone européenne de radiodiffusion, s'il respecte les conditions minimales, peut participer au Concours !

Commençons par un petit rappel géographico-administratif : n'importe quel télédiffuseur présent dans la zone européenne de radiodiffusion, s'il respecte les conditions minimales, peut participer au Concours ! De fait, l'Égypte, la Jordanie ou la Libye pourraient s'y inscrire, si elles le souhaitaient, car elles sont membres de l'UER ! *Fun fact*, le Maroc a participé à l'Eurovision en 1980 !

Israël peut donc géographiquement participer à l'Eurovision, chose faite pour la première fois en 1973. Cependant, un petit retour historique est nécessaire pour comprendre le dessous des cartes de la présence d'Israël au Concours. Le Royaume-Uni, en 1920, est officiellement mandaté par l'ancêtre de l'ONU, la Société des Nations (SDN), pour administrer la Palestine (Israël ainsi que les territoires palestiniens d'aujourd'hui) et les populations qui y vivent (Palestiniens, Arabes, Juifs, etc.). Dès le début, les tensions sont importantes, y compris avec les États arabes autour de la Palestine. À la suite de la Seconde Guerre mondiale, l'ONU vote en 1947 un plan de partage de la Palestine entre un État juif et un État arabe avec Jérusalem qui obtient le statut de ville neutre dirigée par l'ONU. Dès 1948, Israël se proclame État indépendant. La réaction est immédiate et va perdurer jusqu'au milieu des années 1970 : de multiples guerres opposent l'État d'Israël à une coalition d'États arabes, et notamment ses voisins les plus proches (l'Égypte, la Jordanie, la Syrie, etc.). La dernière grande guerre a eu lieu en octobre 1973, celle du Kippour : elle s'est terminée par une victoire militaire israélienne. Dès lors, progressivement, tous les États arabes vont reconnaître officiellement l'existence de l'État d'Israël. C'est notamment le cas de l'Égypte en octobre 1978. Mais cette reconnaissance est progressive et partielle : quelques mois plus tôt, à l'Eurovision 1978, Israël a remporté le Concours avec « A-Ba-Ni-Bi », chantée par Izhar Cohen & Alphabeta, mais les télédiffuseurs d'Afrique du Nord et du Proche-Orient ont coupé la retransmission au moment de la performance israélienne et aussi pendant les points, quand il est apparu évident que l'État hébreu avait gagné ; quant à la Jordanie, elle a diffusé la photo d'un bouquet de jonquilles, et d'autres de la publicité. Cependant, en 1981, l'Égypte a diffusé le Concours, et ce, sans couper la retransmission quand Israël a interprété sa chanson.

Progressivement, une autre forme de conflit apparaît alors : les conflits israélo-palestiniens ont remplacé les conflits israélo-arabes. Cette thématique des relations israélo-arabes et israélo-palestiniennes a été plusieurs fois au cœur des chansons d'Israël au Concours ; que cela soit dans l'optique d'une atténuation des tensions, d'un message de paix ou d'une affirmation identitaire revendicative, qui peut parfois raviver les tensions.

Poogy, groupe de rock israélien, en préparation pour le Grand Prix Eurovision à Brighton, Royaume-Uni, 1974

Noa, chanteuse israélienne, et Mira Awad, interprète arabe israélienne, chantent « There Must Be Another Way » (« Il doit y avoir un autre chemin »). Une ballade pacifiste qui évoque très directement les tensions confessionnelles entre Juifs et Arabes.

Les chanteuses Noa & Mira Awad sur la scène de l'Eurovision 2009 à Moscou, Russie pour représenter Israël

Lors de l'Eurovision 1974, un an après la guerre du Kippour, le groupe Kaveret (ou Poogy) a chanté « Natati La Khayay » (« Je lui ai donné ma vie »), qui, sous couvert d'une ballade amoureuse sans prétention, cache en réalité un appel à une coexistence pacifique entre Juifs et Arabes et en particulier entre Israéliens et Égyptiens. Le sous-texte de la chanson critique donc implicitement la Première ministre israélienne de l'époque, Golda Meir, pour ne pas avoir trouvé d'accord de paix avec l'Égypte, empêchant donc la coexistence entre un État israélien et un État palestinien.

Lors de l'édition 1979, le 31 mars, seulement cinq jours après la signature du traité de paix entre l'Égypte et Israël, le groupe Milk & Honey remporte le Concours pour Israël avec sa chanson pacifiste « Hallelujah ».

La Suède accueille le Concours en 2000, où Israël est représenté par le groupe parodique PingPong, composé de chanteurs non professionnels (et cela s'entend !), qui a déclenché de vives polémiques dans le pays ainsi que dans le reste de l'Europe pour plusieurs raisons avec leur chanson « Happy ». Les paroles racontent l'histoire d'une femme israélienne attendant impatiemment son amoureux syrien qui tarde à la rejoindre, et qui en arrive à vouloir un concombre… Comprenne qui pourra ! De plus, lors de leur performance en direct, au milieu de la chanson, les deux chanteurs s'embrassent sur la bouche, et surtout, à la fin de la chanson, les six membres brandissent les drapeaux de la Syrie et d'Israël tout en scandant le mot « *Peace !* », pour soutenir la réconciliation entre Israël et les pays arabes. Ce geste leur vaudra une sanction de la part du télédiffuseur israélien pour provocations sexuelles et politiques.

« There Must Be Another Way ». Lors de l'Eurovision 2009, Israël est représenté cette année-là par un duo de femmes : Noa, chanteuse israélienne, et Mira Awad, interprète arabe israélienne (une minorité d'environ 20 % de la population du pays qui est arabe et possède la citoyenneté israélienne). D'emblée, le message est puissant. Mais la beauté du message de Noa et Mira ne s'arrête pas seulement à leurs cartes d'identité. Elles chantent « There Must Be Another Way » (« Il doit y avoir un autre chemin »). Une ballade pacifiste qui évoque très directement les tensions confessionnelles entre Juifs et Arabes. Elles utilisent la langue anglaise mais aussi l'hébreu et l'arabe pour diffuser leur message de paix et affirmer qu'il existe un autre chemin que la guerre pour résoudre ce conflit.

Paulo de Carvalho représentant le Portugal en 1974 à Brighton, Royaume-Uni

PORTUGAL

UNE CHANSON DE L'EUROVISION DÉCLENCHE UNE RÉVOLUTION POLITIQUE

La chanson de Paulo de Carvalho va devenir, à l'Eurovision 1974, un élément de l'histoire politique et populaire du Portugal.

Certaines chansons à l'Eurovision ont un message politique plus ou moins officiellement mis en avant, tandis que d'autres en sont absolument dénué. Il existe pourtant une troisième catégorie de chanson à l'Eurovision: une chanson apolitique, mais qui pourtant a été utilisée à des fins politiques. Et quelle plus belle utilisation que celle consistant à être LA chanson qui donne le coup d'envoi d'une révolte... enfin révolte, parlons plutôt d'une révolution! Alors non, l'Eurovision n'existait pas en 1789, c'est de celle des Œillets dont il est question, qui a eu lieu au Portugal au soir du 24 avril 1974.

Un rapide rappel du contexte politique et historique s'impose. En 1926, suite à un coup d'État militaire, le Portugal bascule dans un régime dictatorial. En 1933, António de Oliveira Salazar arrive au pouvoir et instaure un nouveau régime: l'Estado Novo («le Nouvel État»), qu'il dirigea d'une main de fer jusqu'en 1968, date à laquelle Marcelo Caetano lui succéda au pouvoir jusqu'à cette belle soirée du 24 avril 1974.

Mais quel rapport avec l'Eurovision? Quelques semaines plus tôt, le 6 avril 1974, l'Eurovision 1974 est organisé par la BBC à Brighton, au Royaume-Uni, et voit le sacre d'un tube «eurovisionnesque», le fameux «Waterloo» du groupe ABBA. En revanche, on connaît moins bien la chanson portugaise de 1974, interprétée par Paulo de Carvalho et titrée «E Depois do Adeus», qu'on peut traduire par «Et après nos adieux». Paulo nous chante une belle ballade portugaise sur la fin d'une relation amoureuse avec sa bien-aimée. Le Portugal termine... dernier, avec seulement 3 petits points. Pourtant, la chanson de Paulo de Carvalho va devenir, trois semaines plus tard, un élément de l'histoire politique et populaire du Portugal.

Ce 24 avril 1974, la radio portugaise diffuse « E Depois de Adeus », qui a été sélectionné par les militaires comme étant le signal de la mobilisation générale.

La manifestation du 1er mai 1974 lors de la révolution des Œillets à Lisbonne, Portugal

Depuis de longs mois déjà, la situation politique et économique du territoire lusophone est très instable : plusieurs tentatives de soulèvements populaires et de coups d'État échouent, et les militaires, épuisés par de multiples guerres déclenchées par le Portugal pour maintenir ses colonies en Afrique, notamment en Angola et au Mozambique, organisent un nouveau putsch qui doit se dérouler pendant la nuit du 24 au 25 avril. Reste à trouver un signal pour que tous les membres du MFA, le Mouvement des forces armées, se lancent au même moment, partout au Portugal, à l'assaut des endroits stratégiques et des institutions politiques afin de renverser la dictature. Nous connaissons le vers de Verlaine annonçant le débarquement des alliés en Normandie, en juin 1944, et l'activation de multiples groupes de résistants partout en France, « Les sanglots longs des violons de l'automne blessent mon cœur d'une langueur monotone » : de manière similaire, à 22 h 55, ce 24 avril 1974, la radio portugaise diffuse « E Depois de Adeus », qui a été sélectionné par les militaires comme étant le signal, avec d'autres chansons, de la mobilisation générale pour renverser le régime dictatorial. Le coup d'État militaire est un succès. Après deux ans de transition politique complexe, en 1976, la démocratie est de retour au Portugal. Pour commémorer cette révolution des Œillets, le 25 avril est dorénavant un jour férié nommé la fête de la Liberté.

RUSSIE UKRAINE

Ruslana Lyzhychko gagnante représentant l'Ukraine en 2004 à Istanbul, Turquie

Alors que la Russie et l'Ukraine sont en guerre depuis 2014, et encore plus intensément depuis février 2022, les tensions politiques et géopolitiques entre ces deux pays se manifestent régulièrement sur la scène du plus grand concours de la chanson, et ce, depuis le début de la participation de la Russie en 1994 et de l'Ukraine en 2003.

En 2004, l'Ukraine remporte le Concours dès sa deuxième participation, avec Ruslana, la tigresse des Carpates, vêtue de peaux de bêtes, qui a enflammé la scène et les rétines des téléspectateurs avec sa chanson « Wild Dances ». Mais la politique n'est jamais loin de l'Eurovision. Fin 2004, la « révolution orange » démarre en Ukraine en raison des doutes importants sur la sincérité des résultats de l'élection présidentielle opposant Viktor Ianoukovytch, le candidat pro-russe au pouvoir, accusé de fraudes électorales, et Viktor Iouchtchenko, le candidat pro-européen d'opposition. Ruslana devient rapidement un des porte-voix de ce mouvement en soutenant le candidat pro-européen. Elle a même dédié sa chanson « Dance with the Wolves » de janvier 2005 aux manifestants. Après une nouvelle élection présidentielle reconnue internationalement comme étant nettement plus sincère, le candidat pro-occidental est élu et, en 2006, Ruslana devient députée du parti Notre Ukraine, constitué d'une coalition de partis pro-européens.

En 2007, le candidat fantasque ukrainien, Verka Serduchka, interprète son tube « Dancing Lasha Tumbai » et termine à la 2e place du Concours ! La chanson comporte une forme d'illusion auditive très politique, puisque les mots « *Lasha Tumbai !* », qui sont répétés un certain nombre de fois dans cette performance, le tout avec un accent particulier, se transforment par glissement en « *Russia Goodbye !* ».

Tout bascule en février 2014. Sous des prétextes fallacieux, la Russie annexe militairement la Crimée, un territoire appartenant souverainement à l'Ukraine. La guerre du Donbass (région russophone pro-russe de l'est du pays) se déclenche dans la foulée. Face à un effort de guerre ukrainien important pour repousser les assauts russes au Donbass, le pays se retire du Concours 2015 pour motif financier. Lors de l'édition 2016, l'Ukraine revient à l'Eurovision avec Jamala et sa chanson « 1944 », et remporte le trophée !

Lors de l'édition 2016 du Concours, l'Ukraine revient à l'Eurovision avec Jamala et sa chanson « 1944 », et remporte le trophée !

En 2017, tradition oblige, le pays vainqueur organise le Concours l'année suivante. Nous voilà donc de retour en Ukraine, à Kiev plus précisément. Sauf que depuis l'annexion russe de la Crimée en 2014, une nouvelle loi s'applique dans le pays : toute personne qui s'est rendue dans cette région annexée depuis le territoire russe après l'annexion ne peut pas entrer sur le territoire ukrainien pendant trois ans. En mars 2017, la Russie annonce que c'est Ioulia Samoïlova qui va représenter le pays à Kiev avec sa chanson « Flame Is Burning ». La flamme, on ne sait pas, en tout cas le torchon brûle immédiatement entre les deux pays, car Ioulia s'est rendue en Crimée en juin 2015 depuis le territoire russe pour donner un concert. Elle ne peut donc pas obtenir le droit de pénétrer sur le territoire ukrainien pour se rendre à l'Eurovision. Malgré d'âpres négociations, l'UER ayant même proposé que Ioulia chante en direct depuis un studio de télévision en Russie, l'Ukraine persiste et signe. En avril, la Russie annonce qu'elle se retire du Concours. L'année suivante, elle envoie de nouveau Ioulia Samoïlova la représenter avec sa nouvelle chanson « I Won't Break », sans toutefois parvenir à se qualifier pour la finale.

Jamala, gagnante ukrainienne de l'Eurovision 2016 à Stockholm, Suède

Kalush Orchestra, gagnants représentant l'Ukraine en 2022 à Turin, Italie

Kalush Orchestra sur la scène de l'Eurovision 2022 à Turin, Italie

Tout au long de l'année 2021, et surtout au début de l'année 2022, la Russie masse des dizaines de milliers de militaires à sa frontière avec l'Ukraine ainsi que sur le territoire biélorusse en contact avec les frontières ukrainiennes. Après une montée verbale des tensions en janvier et en février 2022, Vladimir Poutine, sous de faux prétextes politiques, déclenche, le 23 février 2022, « une opération spéciale » en Ukraine, en réalité une guerre globale visant la conquête intégrale du territoire et le renversement du pouvoir de Kiev. Le monde, et en particulier le continent européen, est sidéré : la guerre totale, que nous pensions être un mauvais souvenir du milieu du XXe siècle, est de retour sur le sol européen, à quelques milliers de kilomètres de Paris. La communauté internationale, à l'exception de quelques pays inféodés à la Russie, condamne fermement cette « opération spéciale ». Le 25 février, l'UER annonce la suspension de la Russie du Concours 2022, organisé à Turin. Le lendemain, la Russie annonce qu'elle envisage de suspendre son adhésion globale à l'UER. En mai 2022, l'UER prend les devants en excluant Russie du Concours et plus largement de toute l'UER.

L'Ukraine, représentée par le groupe Kalush Orchestra, remporte le Concours 2022 avec un vote massif du public : plus de 400 points pour sa chanson « Stefania ».

L'Ukraine, représentée par le groupe Kalush Orchestra, remporte le Concours 2022 avec un vote massif du public : plus de 400 points pour sa chanson « Stefania ». Même si une partie des résultats provient d'un vote de sympathie pour les Ukrainiens, c'est une victoire sans appel du continent européen, au nez et à la barbe de la Russie. En raison de la guerre en cours et des enjeux de sécurité, l'Ukraine accepte que ce soit la BBC, donc le Royaume-Uni, qui coorganise sur son sol l'édition 2023 au nom et en hommage au pays. Cette coorganisation fut un succès artistique, culturel, mais aussi politique. L'Eurovision et l'Europe ne sont jamais aussi puissantes et fières qu'en unissant leurs forces afin de défendre leurs valeurs humanistes.

EUROVISION 2024

et le grand gagnant est… la géopolitique !

Manifestation pro-paslestinienne durant le concours de l'Eurovision 2024 à Malmö, Suède

Le 7 octobre 2023, le Hamas, à la fois mouvement politique dominant à Gaza mais également mouvement armé islamiste, commet plusieurs attentats terroristes sur le sol israélien, en particulier à l'est de la bande de Gaza. Ces attaques font 1 200 morts, principalement des civils, notamment plus de 300 jeunes réunis pour le festival Nova. Des centaines de personnes sont également prises en otages. L'émotion internationale est immédiate. La réaction politique et militaire du pouvoir israélien est rapide et intense. Dès le 9 octobre, un blocus total de la bande de Gaza est décidé. Les convois humanitaires sont bloqués, l'eau ainsi que l'électricité et le gaz sont coupés. Malgré certaines critiques internationales de cette pratique de siège total, quelques jours plus tard, Israël lance une opération militaire de grande ampleur incluant des bombardements massifs de cibles militaires mais aussi civiles. Les critiques internationales se font de plus en plus audibles à mesure que l'intensité de la réaction militaire grandit et que les civils deviennent les premières victimes (déplacements forcés, blessés, morts, etc.).

En décembre 2023 et janvier 2024, plusieurs artistes demandent à l'UER de refuser à Israël l'accès au Concours à Malmö. Des pétitions sont lancées en Islande, en Irlande ou encore en Suède, qui font le parallèle avec l'exclusion de la Russie de l'UER après le déclenchement de la guerre en Ukraine, en février 2022. Le 15 février, l'UER déclare dans un communiqué qu'Israël est autorisé à participer au Concours car son télédiffuseur public, KAN, respecte les obligations et les valeurs du service public fixées dans la charte de l'UER, contrairement au télédiffuseur russe en 2022. De plus, l'UER réaffirme son positionnement apolitique.

Eden Golan représentant Israël en 2024 à Malmö, Suède

Les demandes et initiatives d'artistes appelant au retrait d'Israël vont crescendo.

Quelques jours plus tard, KAN transmet la chanson que le télédiffuseur souhaite présenter à Malmö, interprétée par Eden Golan : « October Rain » (« Pluie d'octobre »). La polémique est immédiate : l'UER demande à KAN de modifier le titre et certains passages de la chanson, ou d'en proposer une nouvelle au motif que celle-ci est trop connotée politiquement. Elle évoque en effet directement les attaques terroristes du 7 octobre, en particulier les centaines de victimes du festival Nova. Après un imbroglio politico-artistique qui a duré plusieurs jours et de nombreuses tentatives de modifications rejetées, le président israélien, Isaac Herzog, est personnellement intervenu pour inviter KAN à respecter les règles édictées par l'UER. Cette dernière, le 7 mars, approuve finalement la chanson israélienne dorénavant titrée « Hurricane ».

À l'approche du Concours, tout au long des mois de mars et avril, les demandes et initiatives d'artistes appelant au retrait d'Israël vont crescendo, elles commencent à toucher le débat public et surtout politique, sortant du cadre stricto sensu des spécialistes et des fans de l'Eurovision. Fin avril, les répétitions à Malmö battent leur plein en perspective de l'édition 2024 qui s'y tient les 7, 9 et 11 mai. Des manifestations regroupant des milliers de personnes sont organisées dans les rues de la ville, aux abords du lieu du Concours. Ces mouvements demandent la disqualification d'Israël et soutiennent la Palestine tout en demandant un cessez-le-feu pour protéger

Bambie Thug représentant l'Irlande
en 2024 à Malmö, Suède

les civils qui sont toujours massivement ciblés. L'UER au travers de différents communiqués dans les derniers jours avant la finale ne cesse de rappeler l'interdiction pour les artistes participants de prendre des positions et de faire des déclarations politiques sur la scène du Malmö Arena en application du caractère officiellement apolitique de l'Eurovision.

Début mai, les tensions sont palpables, le déploiement policier est massif autour et dans la salle de spectacle.

Début mai, les tensions sont palpables, le déploiement policier est massif autour et dans la salle de spectacle. Certains artistes témoignent des pressions qu'ils subissent et du climat anxiogène qu'ils ressentent, certains se sentent bridés voire censurés dans leurs convictions, leurs identités culturelles ou leurs revendications. Ils sont alors tentés de s'exprimer par le biais de leurs directs à l'Eurovision. Eric Saade, représentant suédois au Concours de l'édition 2012 où il s'est classé à la 3e place, était invité par les organisateurs suédois à chanter à Malmö en numéro d'ouverture de la première demi-finale le mardi 7 mai. Pendant sa performance, il a porté à son poignet un keffieh en soutien au mouvement pro-palestinien et en hommage aux origines palestiniennes de sa mère. La productrice suédoise du Concours a regretté ce geste de la part du chanteur. Toujours pendant cette première demi-finale, Bambie Thug, l'artiste non binaire qui représente l'Irlande a été contraint•e par l'UER de modifier son maquillage car il arborait « Cessez-le-feu » — un message considéré comme « trop politique » par l'organisation. D'autres polémiques et incidents ont émaillé la seconde demi-finale et la finale, du fait, notamment, de l'un des candidats australiens et de la chanteuse portugaise. Les organisateurs ont également saisi plusieurs drapeaux palestiniens apportés par le public de la Malmö Arena. Pendant la performance d'Eden

Golan, la chanteuse israélienne, que cela soit en demi-finale mais surtout en finale ainsi que pendant toutes les nombreuses répétitions, des huées massives ainsi que des sifflements nourris ont été entendus dans la salle — ils ont été coupés lors de la téléretransmission, comme lors de l'Eurovision 2015 pour le passage de la candidate russe, Polina Gagarina. La Russie avait annexé la Crimée en février 2014. En parallèle, l'agence gouvernementale israélienne de publicité a lancé une vaste campagne d'appel à voter « Hurricane ». Eden Golan s'y exprime dans la langue de chacun des 15 pays visés.

Israël termine à la 2e place du vote du public, à quelques points du candidat croate, arrivé en tête du télévote. En revanche, les jurys professionnels, qui contribuent pour la moitié aux résultats finaux, ont classé la chanson d'Eden Golan à la 12e place. En combinant les deux votes, elle termine à la 5e place.

Entre volonté de boycott, revendications, tensions sécuritaires et enjeux géopolitiques, cette édition 2024 a été la plus tendue de l'histoire du Concours.

Entre volonté de boycott, revendications, tensions sécuritaires et enjeux géopolitiques, cette édition 2024 de l'Eurovision a été la plus tendue de l'histoire du Concours. Pourtant, le continent européen, dans cette période tourmentée, s'est réuni en ce samedi 11 mai, au moment où le *Te Deum* de Charpentier a retenti dans les quatre coins de l'Europe. Pendant quelques heures, comme un temps suspendu, l'Europe a enfin été, comme le slogan perpétuel de l'Eurovision le clame : *United by Music* (Unis par la musique).

Manifestation pro-paslestinienne contre la participation d'Israël au coucours de l'Eurovision 2024 à Malmö, Suède

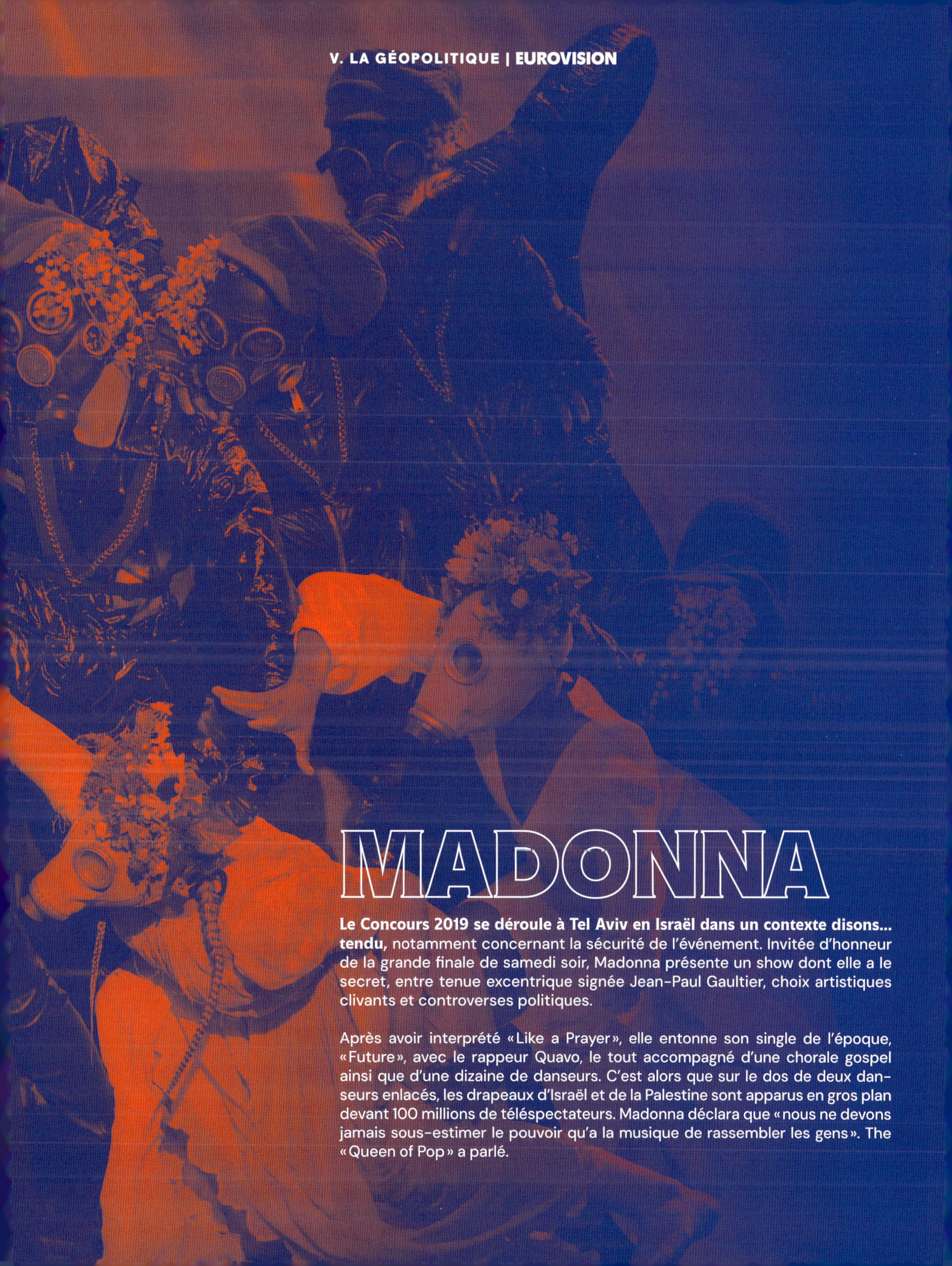

MADONNA

Le Concours 2019 se déroule à Tel Aviv en Israël dans un contexte disons… tendu, notamment concernant la sécurité de l'événement. Invitée d'honneur de la grande finale de samedi soir, Madonna présente un show dont elle a le secret, entre tenue excentrique signée Jean-Paul Gaultier, choix artistiques clivants et controverses politiques.

Après avoir interprété « Like a Prayer », elle entonne son single de l'époque, « Future », avec le rappeur Quavo, le tout accompagné d'une chorale gospel ainsi que d'une dizaine de danseurs. C'est alors que sur le dos de deux danseurs enlacés, les drapeaux d'Israël et de la Palestine sont apparus en gros plan devant 100 millions de téléspectateurs. Madonna déclara que « nous ne devons jamais sous-estimer le pouvoir qu'a la musique de rassembler les gens ». The « Queen of Pop » a parlé.

VI. LA MODE

« {La mode} qui se vit, c'est celle qui se voit. »
Sonia Rykiel

Kitsch

Les chiffres sont formels : 78,3 % des Français, accompagnés par de nombreux journalistes, qualifient le Concours Eurovision de la chanson de « kitsch ». On raconte que certains auraient même employé le terme « ringard »...

Bien que ce chiffre n'ait pas été validé par l'Institut national de la statistique et des études économiques (INSEE), force est de constater qu'au cours de nos interviews, sondages et autres micros-trottoirs réalisés depuis quatre ans, c'est pourtant bien le sentiment majoritaire qui sort de la bouche du quidam.

Dans un souci de pertinence et d'honnêteté, nous devons avouer que le mot kitsch ici employé est celui qui arrondit les angles pour s'éviter l'expression de « mauvais goût », qui serait certainement plus en accord avec l'opinion publique des téléspectateurs français. Mais n'est-ce pas pour ça qu'on les aime, ces looks ? Qu'ils soient classiques, excentriques, authentiques, folkloriques, cosmiques, épiques ou même sans rime en « -ique », une chose est sûre : pour l'Eurovision, on s'habille ! La mode « eurovisionnesque » regorge de pépites. Et l'avantage, c'est qu'on voyage...

Subwoolfer représentant la Norvège en 2022 à Turin, Italie

Ofra Haza représentant Israël en 1983 à Munich, Allemagne

Marie Myriam, gagnante représentant la France en 1977 à Londres, Royaume-Uni

Véritables marqueurs de chaque époque, les looks portés par les candidats sur scène sont un délice pour nos yeux : comment oublier la boule disco venue de l'espace, pardon, de l'Ukraine, Verka Serduchka ? Ou encore le groupe de heavy metal finlandais Lordi et leurs looks monstrueux ? Personne n'a oublié non plus le grand classique de la jupe en mousseline rose de Céline Dion pour la Suisse, ou encore les tenues fluo particulièrement appréciées du Royaume-Uni dans les années 1980. Alors, à toutes celles et à tous ceux qui dénoncent le « mauvais goût », nous rétorquerons avec une citation du pape français de la mode, Jean-Paul Gaultier : « Ce sont toujours les personnes les plus mal habillées qui sont les plus intéressantes. »

Véritable passionné du Concours, il a déjà eu l'honneur d'habiller brillamment de nombreux candidats et candidates à ce jour, jusqu'à même accompagner les équipes de France Télévisions en 2008 à Belgrade pour commenter le Concours en direct !

Les tenues de lumière des artistes de l'Eurovision sont de véritables reflets de l'évolution de la société, comme des photographies de chaque époque. Certains looks vieillissent mal, certains provoquent, d'autres nous font sourire, quand nous avons presque envie de fermer les yeux devant les plus audacieux, frôlant plus la catastrophe que le chef-d'œuvre.

Les looks de l'Eurovision suivent la mouvance et s'ancrent dans l'époque dans laquelle ils sont créés, comme une véritable photographie. Avec ses plus de 160 millions de téléspectateurs annuels, le Concours Eurovision est un vrai levier pour la renommée des créateurs de mode, et ils savent l'utiliser. En France, Jacques Esterel habille Marie Myriam, notre fameuse dernière gagnante en 1977, la maison Dior habille notre presque gagnante Barbara Pravi en 2021, et Romain Thevenin fait briller de mille feux La Zarra en 2023, pour ne citer qu'eux.

La mode a une véritable fonction : elle sublime la prestation. Elle se réfléchit. Ça fait partie de la tradition et du folklore de l'Eurovision, on attend presque autant les costumes que la performance. C'est l'étendard des pays après le défilé des drapeaux. L'image est très importante : on porte les valeurs de sa nation. Les temps passent un message : on assume qui on est et d'où l'on vient, on le porte haut et fort. Alors, pour le bien de son pays, mieux vaut éviter les fashion faux pas : il faut la tenue gagnante pour la chanson gagnante.

Bienvenue dans cette échappée, pas toujours belle, de la mode à l'Eurovision. Le meilleur et le pire de la fripe, où, derrière une image parfois loufoque, résonne toujours un air de fête.

LES ANNÉES 1950

Le Concours naît en 1956 ; c'est l'âge d'or du rock'n'roll, celui du « King » Elvis Presley et de son rival Jerry Lee Lewis. Côté mode, depuis le début des années 1950, les femmes s'émancipent, elles peuvent travailler, être de plus en plus indépendantes et leurs looks le prouvent ! C'est l'« ultra-féminin » qui l'emporte, à l'instar des grandes stars du moment, comme Marilyn Monroe ou Audrey Hepburn : les hanches sont soulignées, le corps est sublimé, les tailles sont de guêpe, et les poitrines hautes. Les grandes maisons de couture renaissent. Chanel, Givenchy, Balmain… Le *must have,* c'est la jupe crayon ou la robe corolle de Dior. À l'Eurovision, on n'y coupe pas ! Le glamour est omniprésent et, au masculin comme au féminin, on défend l'allure ! Même si le Concours est majoritairement suivi à la radio, les artistes se parent des plus beaux effets pour cette grande soirée.

LES ROBES COROLLE

Luxembourg 1958 : Solange Berry interprète « Un grand amour ».

Raquel Rastenni (Danemark) chante « Jeg rev et blad ud af min dagbog » (« J'ai arraché un feuillet de mon journal intime »).

LES ROBES CRAYON

Margot Hielscher pendant les répétitions en 1958 à Hilversum

N'oublions pas la gent masculine ! Très élégants, les participants se parent d'un costume pendant de nombreuses années. Sans oublier le nœud pap. Élémentaire, mon cher Watson.

C'est en 1958 qu'il faut remonter pour voir la toute première tenue loufoque : Margot Hielscher (Allemagne), vêtue d'une robe qui s'épanouit « un peu comme une tulipe à l'envers » (!), portant l'écharpe de Miss Juke Box et diadème, chante « Für zwei Groschen Musik » (« De la musique pour deux sous »).

André Claveau, grand gagnant français de 1958, tiré à quatre épingles et gominé dans son costume, avec sa chanson « Dors, mon amour ».

Le costume avec nœud papillon de Domenico Modugno, qui chante l'intemporelle « Nel blu dipinto di blu / Volare » en 1958 pour l'Italie, est la représentation parfaite des tenues masculines de l'époque.

LES ANNÉES 1960

Françoise Hardy lors de l'Eurovision 1963 à Londres, Royaume-Uni. Elle a chanté « L'amour s'en va » pour représenter Monaco.

On a tous encore en tête le fameux jingle de l'émission phare des jeunes des années 1960 « Salut les copains ». Les yéyés français, puisqu'ils s'inspirent des légendes du rock anglais, qui scandaient souvent « *yeah-yeah* » dans leurs chansons, font surface. En effet, c'est la Beatlemania ! Les quatre garçons dans le vent font fureur, mais c'est aussi la montée en puissance des Rolling Stones, The Kinks, The Who, de Bob Dylan... Mais, à l'Eurovision, on continue de chanter le printemps et l'amour des petits oiseaux qui gazouillent. Les chansons ne sont majoritairement pas à la hauteur du phénomène musical qui s'empare du monde, malgré un changement majeur sociétal : la télévision arrive dans les foyers. Une aubaine pour le Concours Eurovision, qui trouve un nouveau public — et beaucoup plus nombreux. Il devient grandiose et offre des écrins sublimes pour les artistes, qui se mettent sur leur trente et un. C'est désormais un tout autre exercice : exit la radio, on doit apprivoiser la caméra, jouer avec et faire le show pour séduire ce nouveau public.

Le style prend alors toute son importance. Contrairement au style musical adopté, les tenues, elles, s'ancrent dans leur époque. Elles sont timides pendant la première partie de la décennie, mais, bien vite, les coiffures montent d'un cran et les jupes raccourcissent.

L'évolution des mœurs n'est pas du goût de tout le monde — du moins pas celui de l'Eurovision. Aussi, telle Nadine de Rothschild parée de son ombrelle, Katy Bødtger, la représentante du Danemark en 1960, chante l'idéal des bonnes manières et du romantisme avec « Det var en yndig tid » (« C'était un charmant moment »), une chanson un poil rétrograde même pour l'époque. Pourvu que Katy n'ait pas fait une crise cardiaque devant la performance de l'Espagnole Chanel et de son « *booty* » exceptionnel sur la scène en 2022...

La célèbre Françoise Hardy et sa joie de vivre en 1963 où, pour la principauté de Monaco, elle chante « L'amour s'en va » dans une classique petite robe noire inspirée Chanel. 1963, on y voit clair : on roule les « R » ! Et voici que, sous nos yeux ébahis, arrive Nana Mouskouri. Elle chante « À force de prier » pour le Luxembourg et chausse son inimitable paire de lunettes noires, indissociable signature mode de la chanteuse.

En 1964, Hugues Aufray représente le Luxembourg au Concours Eurovision de la chanson avec « Dès que le printemps revient ». Bien que la télévision soit encore en noir et blanc, il fait tourner de nombreuses têtes quand la presse révèle les photos de sa prestation dans son costume bleu indigo. Cette année-là, le Concours a lieu le 21 mars, le lendemain du printemps : la saison des amours...

France Gall en 1965 remporte le Concours pour le Luxembourg avec sa petite robe plissée blanche qui séduit l'Europe. Un look iconique des années 1960. À la pointe de la mode, France ressemble plus à une poupée de cire qu'à une poupée de son.

BBC tv

France Gall en 1965 remporte le Concours pour le Luxembourg avec sa petite robe plissée blanche qui séduit l'Europe.

Milly Scott, première candidate noire sur la scène de l'Eurovision, représentant les Pays-Bas en 1966 au Luxembourg

1966 | Femmes et pantalons. Åse Kleveland devient cette année la première femme à l'Eurovision à porter le costume avec un pantalon. Évasé, sequins qui ornent les coutures, c'est l'audace. Son bagou lui offre une belle 3e place, mais aussi et surtout une carrière politique remarquable, puisqu'elle devient ministre de la Culture en Norvège de 1990 à 1996.

Pour l'histoire, en 1962, Yves Saint Laurent présente sa toute première collection, dont le premier caban pour femme sur pantalon blanc fera sensation. Quatre ans plus tard, il révolutionne véritablement le style féminin en dévoilant son fameux smoking féminin. La mode est lancée : les femmes portent le pantalon. Et pour la petite anecdote, elles n'y étaient officiellement pas autorisées jusqu'en 2013 !

France Gall gagnante représentant le Luxembourg en 1965 à Naples, Italie

L'année 1966 marque également l'histoire du Concours avec la première et dernière participation du Mexique... Faux ! Mais on s'y serait presque cru avec les tenues traditionnelles mexicaines des guitaristes mariachis venus accompagner Milly Scott. Ils représentent simplement les Pays-Bas. Milly Scott marquera l'histoire toutefois, car elle est la toute première candidate noire à se présenter sur la scène de l'Eurovision. Elle interprète sa chanson « Fernando en Filippo », dans une remarquable robe cintrée noire et des épaules en résille qui subliment sa silhouette.

1968 | Révolution à l'Eurovision... Pour la première fois, le show est diffusé en couleurs ! On n'hésite pas sur les couleurs tranchantes : rouge, orange, jaune, vert, bleu, indigo et violet. Les capteurs et la résolution de l'image n'étant pas encore à leur performance maximale, il faut que ça pète ! Un vrai défilé aux couleurs de l'arc-en-ciel.

Année 1968. L'artiste espagnole Massiel est la première à montrer ses genoux sur la scène de l'Eurovision, qu'elle remporte brillamment avec sa chanson « La, la, la ». On reconnaît le fameux style d'André Courrèges, qui lui dessine cette superbe minirobe blanche signée. La minijupe avait pourtant fait son apparition dès le début des années 1960, grâce à la créatrice Mary Quant, qui a largement envahi les dressings de ces dames. Massiel ne sera pas la seule cette année-là à jouer de la tendance.

LES ANNÉES 1970
SORTEZ LES SEQUINS...

... les pattes d'eph, les maxi-jupes, les blouses vaporeuses et libérez les coiffures ! La vie est légère, on a passé la révolution sexuelle, on a bravé Mai 68, le *Flower Power* rend les tenues bohèmes fluides et ça, l'Eurovision nous le témoigne formidablement bien.

Les télévisions ont définitivement envahi les salons et les cuisines, et les artistes en profitent pour se montrer à un public toujours plus important. Les imprimés psychédéliques et les pantalons *flare* dominent les tendances. Le vinyle et le plastique subliment les robes en satin, en lamé et à décolleté. C'est l'occasion de régler les couleurs sur son téléviseur ! Ça pique parfois les yeux, mais des pépites restent intemporelles.

La légende raconte qu'il aura fallu que Julio Iglesias se produise sur la scène du Concours dans ce costume-cravate bleu Schtroumpf pour qu'on se demande depuis cette inénarrable prestation de l'Espagne en 1970 si « la Provence n'a jamais eu de ciel aussi bleu », comme le chantait Marcel Amont.

Massiel gagnante pour l'Espagne en 1968 à Londres, Royaume-Uni

Toute de strass vêtue, Anne-Karine Strøm chante « Mata Hari » pour la Norvège en 1976 à La Haye, Pays-Bas.

À propos de la chanson, elle répond aux vœux de bonne chance d'un fan : « Il faudrait bien plus que de la chance avec un titre aussi médiocre[1]... » L'histoire ne dit pas si elle préférait sa robe de fée à sa chanson.

Olivia Newton-John chante « Long Live Love » pour le Royaume-Uni en 1974 à Brighton, dans son pays.

Olivia Newton-John participe à l'Eurovision 1974. Encore peu connue du grand public (le film *Grease*, qui l'a rendue célèbre, ne sort qu'en 1978), elle interprète « Long Live Love » dans une longue robe Empire bleue qui recouvre son corps de la tête aux pieds dans des voiles semi-transparents. À propos de la chanson, elle répond aux vœux de bonne chance d'un fan : « Il faudrait bien plus que de la chance avec un titre aussi médiocre[1]... » L'histoire ne dit pas si elle préférait sa robe de fée à sa chanson, mais ce n'est pas un si grand fiasco ce soir-là, puisqu'elle se hisse à une jolie 4e place. Le plastique, c'est fantastique : en 1972.

En 1977, à Wembley, Marie Myriam rayonne dans une robe orange conçue par le célèbre couturier Jacque Esterel, également créateur de la célèbre robe vichy de Brigitte Bardot ; c'est une vraie figure de proue de la mode des années 1960 et 1970. Certes, il y a Marie Myriam... mais on voit surtout beaucoup ses deux choristes ! Lors de la répétition finale, la veille du grand soir, Marie Myriam découvre que les robes de celles-ci sont transparentes et laissent entrevoir leurs sous-vêtements — les jupons étaient restés à Paris... Oups !

Puisqu'il faut être un tant soit peu respectable pour se donner en spectacle sur la grande scène de l'Eurovision, deux robes noires de fortune sont dénichées à la dernière minute, auxquelles une styliste de la BBC ajoute des fleurs en soie orange, de la même couleur que celle de la robe de Marie Myriam.

1. Jean-Marc Richard, Mary Clapasson et Nicolas Tanner, *La Saga Eurovision*, éditions Favre, 2017.

LES ANNÉES 1980

« LA MODE, COMME LA MUSIQUE, EXPRIME SON ÉPOQUE. »

Riki Sorsa et sa merveilleuse coupe mulet représentant la Finlande en 1981 à Dublin, Irlande

Qu'on se le dise, les années 1980 et la mode, c'est comme si on donnait le choix à un enfant de s'habiller comme il le souhaite pour la première fois: l'audace n'a plus de limites. Trop de liberté d'un coup, ça fait tourner la tête. Les fluo contrastés, les vêtements *oversize*, les épaulettes, le lamé et les cheveux défiant toute gravité... c'est la décennie de toutes les fantaisies. Le glam punk de Madonna et le Perfecto de Michael Jackson donnent à cette époque le « la »... mais ça ne s'arrête pas là. Et surtout pas à l'Eurovision !

La mode masculine se résume en un seul mot: mulet ! Riki Sorsa le porte comme personne en 1981, avec sa chanson « Reggae OK ». Rien n'était vraiment « OK » dans cette prestation de la Finlande, qui finira tout de même 8e.

Si vous avez la curiosité d'aller écouter cette chanson, tendez bien l'oreille: Falkor et Bastien ne sont pas très loin, on reconnaît presque le générique de *L'Histoire sans fin*. Heureusement, cette histoire-là n'a duré que 3 minutes. Michel Sardou, sors de ce corps ! En 1981, Jean Gabilou, visiblement très inspiré, arrive à la 5e place avec la chanson à voix « Humanahum », une ode à l'humanité offerte en col italien et la célèbre coupe mulet.

Quel super-pouvoir Herreys, ce « boys band » des années 1980, a-t-il déployé pour gagner l'Eurovision ? Comme ce n'est pas avec la qualité de la chanson, on opte pour un look gagnant: pantalons blancs, chemises chamarrées et, surtout, chaussures dorées aux pieds qui aveuglent les jurés. Et ils en sont fiers, de leurs godasses, puisqu'ils chantent: « *Diggi-loo diggi-ley, laissez ce miracle continuer, je peux être qui je souhaite, s'il vous plaît, ne me réveillez pas, je me rêve avec des chaussures dorées.* »

Royaume-Uni, 1984. Le groupe Belle and the Devotions est hué par le public à la fin de sa chanson « Love Games ».

Leurs tenues vestimentaires sont pourtant au summum de ce que la pop fait de plus respectable: jupes courtes en vinyle fluo, collants noirs et talons aiguilles, cheveux crêpés et peroxydés! Elles payent un incident qui n'a à voir ni avec leur look ni avec leur chanson: le public exprime sa colère face à des comportements déplacés de hooligans anglais présents au Luxembourg, où se produit le Concours ce soir-là. Pour enfoncer le clou, le jury luxembourgeois ne donne que 1 seul petit point aux trois artistes, le minimum. Méchante ambiance!

On le dit, on le redit, on le placarde: c'est la décennie de toutes les audaces. En plein milieu des années 1980, le show est organisé par la Suède à Göteborg. Le pays dépoussière l'émission. Lill Lindfors, qui représentait le pays en 1966 avec une belle 2e place, anime la soirée. Elle entre sur scène en chanson (une mise en scène drôle et dynamique ancre l'Eurovision 1985 en son temps), mais c'est sans compter sur le drame vestimentaire qui lui arriva... Sa robe se coince dans le décor et elle se retrouve en culotte — et surtout en direct — à la télévision!

Cela aurait pu être un moment très gênant, mais l'animatrice fait preuve d'un humour ravageur et d'une audace à la suédoise. Par un tour de passe-passe de chiffons, elle transforme son haut couleur vert d'eau en une magnifique robe blanche échancrée pour continuer à présenter l'émission en toute tranquillité. Ce petit truc bien préparé digne d'Arturo Brachetti provoque l'hilarité générale de la salle, et de l'Europe tout entière. Telle une princesse, la voici libérée, délivrée.

Le groupe Herreys, gagnants pour la Suède en 1984 au Luxembourg avec leurs fameuses chaussures dorées

LES ANNÉES 1990

Imaani représentant le Royaume-Uni en 1998 à Birmingham, Royaume-Uni

« Brenda » et « Kevin », Beverly Hills, AB Productions, Levi's 501, colliers ras du cou, Dr. Martens, chute du mur de Berlin... On goûte à une certaine liberté. Tous les chemins deviennent possibles, les goûts se diversifient et la mode est marquée par plusieurs tendances distinctives: grunge, hip-hop, minimaliste, logomania, etc. Plus on avance dans la décennie, plus la culture et l'influence des stars américaines sont hégémoniques. Les stars de cinéma, les séries télévisées et les boys et girls bands influencent la planète entière. Leur style vestimentaire conquiert les nouvelles générations européennes, laissant de côté les plus âgés, dépassés par la vitesse de propagation de cette pop culture acidulée. Une mode haute en couleur, parfois *sportswear,* parfois plus glamour que jamais! On montre son nombril et ses muscles saillants... Les grands couturiers — Versace, Gaultier, Calvin Klein, Ralph Lauren ou Marc Jacobs — s'amusent à déployer leur talent aux collections de prêt-à-porter et surfent sur des looks décontractés, glam, urbains, où le denim règne en maître.

La télévision est plus regardée que jamais, les chaînes sont de plus en plus nombreuses et diffusent des séries humoristiques ou à l'eau de rose, des jeux télévisés et bien sûr... l'Eurovision! Le Concours prend sa dimension dantesque, qui ressemble à celle déployée aujourd'hui. Les participations des pays se bousculent jusqu'à devoir créer des demi-finales, et la révolution de l'interaction démarre avec le télévote du public en 1998.

Côté looks, il faut donc marquer les esprits. Pour plaire, il est urgent d'être cool et branché: *to be free, or not to be.* Pour la liberté, on y est... Mais pour le goût... on peut parfois repasser. Enfilez vos Buffalo et montrez vos abdos, voici l'Eurovision Show.

Le groupe Charmed représentant avec style la Norvège en 2000 à Stockholm, Suède

Leur style vestimentaire conquiert les nouvelles générations européennes, laissant de côté les plus âgés, dépassés par la vitesse de propagation de cette pop culture acidulée.

Petite anecdote chiffons de 1997 : le groupe américaino-britanique Katrina and the Waves, qui chante pour le Royaume-Uni « Love Shine a Light », débarque en Angleterre sans le parfait *outfit* pour Katrina, leader du groupe. C'est finalement sa sœur qui lui enverra par la poste une grande veste noire signée Donna Karan, mais à laquelle il manque une épaulette ! Katrina raconte à propos de sa prestation : « Pendant que je chantais, j'ai dû me souvenir constamment de lever l'épaule gauche pour la mettre au niveau de la droite. » Son ostéo fut ravi.

1992, les DOM-TOM. La France met à l'honneur ses départements et territoires d'outre-mer, les DOM-TOM (aujourd'hui appelés départements et régions d'outre-mer et collectivités d'outre-mer : les DROM-COM). Le chanteur Kali, originaire de la Martinique, interprète « Monté la riviè », partiellement écrite en créole martiniquais. Ses deux choristes portent des robes typiques créoles aux tissus colorés madras serrées à la taille. Les percussions antillaises embarquent les 160 millions de téléspectateurs qui découvrent la chanson ce soir-là. Ils terminent à la 8e place du classement.

LES TENUES FOLKLORIQUES

La popularité de l'émission portée grâce à la télévision est une fenêtre ouverte sur le monde et une vraie chance de mettre en avant les identités culturelles des pays. Composé des mots anglais *folk* («peuple») et *lore* («légende, histoire»), le folklore désigne l'identité culturelle d'un pays, ses croyances et principalement ses traditions. Pour marquer sa différence aux yeux du monde et inscrire dans le collectif une identité puissante par l'image, le costume en est un levier indispensable.

Ensemble, mais différents. Même si nos cultures occidentales nous poussent à une uniformisation culturelle, la diversité à l'Eurovision reste toujours plébiscitée, voire attendue. À l'issue de la Première Guerre mondiale, le souhait de l'UER est d'euphémiser les tensions entre les peuples... Alors pour nous ouvrir un peu plus aux autres, quoi de mieux que d'arborer fièrement ses traditions. Certains pays portent plus haut que jamais leurs couleurs.

1958 | Alice Babs. C'est en 1958, deux ans seulement après la création du Concours, que le tout premier costume folklorique est montré. Alice Babs vient interpréter sa chanson «Lilla stjärna» («Petite étoile»), dans une traditionnelle tenue suédoise de la région de Leksand. Cette tenue portée principalement pour aller à l'église est composée d'un chemisier blanc aux traditionnelles broderies distinctives de fleurs rouges et d'une jupe plissée d'un jaune radieux. Alice portait ici une version déclinée typique du costume de fête non religieux et appropriée pour jouer de la musique et danser. Première tenue folklorique de l'Eurovision 1958: la Suède.

Les Samis sont un peuple autochtone du nord de la Norvège, de la Suède et de la Finlande. Les vêtements traditionnels samis, appelés «*gákti*», sont vibrants et distinctifs. C'est Mattis Hætta, venu accompagner Sverre Kjelsberg, en 1980, avec la chanson «Sámiid ædnan» pour la Norvège, qui présente pour la première fois la tenue traditionnelle samie au monde entier sur la scène du Concours. Mattis Hætta est réputé à la fois pour son talent mais également pour son engagement dans la préservation et la promotion du chant traditionnel sami, appelé «le joik».

Côté folklore, les années 2000 nous offrent tout autant de costumes hauts en couleur. Inga et Anush Arshakyan chantent «Jan Jan», pour l'Arménie en 2009, habillées du traditionnel taraz arménien.

En 2014, la Pologne offre au monde le duo Donatan & Cleo. Cleo nous chante «My Słowianie — We Are Slavic», ce qui signifie en bon français: «Nous sommes les Slaves». Toutes de folklore vêtues, de très jolies filles chantent un gloubiboulga de pop, de musique folklorique d'inspiration slave, sans oublier un petit morceau de rap apporté par le seul «mâle», Donatan. Cette chanson met en avant «la beauté des filles slaves, qui savent utiliser leurs atouts et qui sont fières de leurs formes pulpeuses, de leur sang slave; mais aussi les talents culinaires des filles slaves, qui font de bons petits plats, et notamment de la crème et du beurre». Il n'y a pas que la chanson qui mette en avant les atouts de la Pologne. Pour récolter un maximum de votes du public, la mise en scène, pas subjective pour un sou, devient un spectacle d'effeuillage et de gros plans sans équivoque à en faire rougir plus d'un. Pari gagnant, la Pologne termine à la 5e place.

En 2019, le groupe KEiiNO a également apporté au public quelque chose de la culture samie sur la scène de l'Eurovision: le rappeur sami Fred Buljo fait alors découvrir le son du joik avec l'inoubliable chanson «Spirit in the Sky», pour la Norvège.

Alice Babs, première tenue folflorique à l'Eurovision pour la Suède en 1958 à Hilversum, Pays-Bas

Le groupe Laka représentant la Bosnie-Herzégovine en 2008 à Belgrade, Serbie

LES ANNÉES 2000

Les décennies précédentes ne nous ont pas aidés, mais le procès en ringardise de l'émission trouve son ultime argument dans les années 2000. Avec l'arrivée du télévote en 1998, l'Eurovision est plus populaire que jamais et, pour les délégations, désormais l'intérêt n'est plus forcément celui de gagner, mais d'incarner la prestation dont on parlera le plus. Aussi, avec le départ des jurys professionnels, le Concours surfe cette décennie sur une vague encore plus kitsch que les années précédentes et, vous allez le voir, la chanson n'est plus l'argument numéro un de ce concours de… chansons. L'émission est diffusée en haute définition pour la première fois en l'an 2000. La musique pop est prépondérante, l'eurodance à son paroxysme, et, pour les accompagner, les couleurs flashy et/ou le blanc immaculé sont de rigueur.

Les stars de la *pop music* américaine, les piercings aux arcades sourcilières, les boys et girls bands sont tout-puissants et dictent les tendances. Il faut être beau, il faut être jeune, il faut être cool, il faut être sexy, il faut être éternellement adolescent. Denim jean taille basse, minijupe, crop tops, chemises ouvertes, vêtements moulants… on passe à l'Eurovision pour se montrer, moins pour chanter.

En 2009, c'est sur un mambo électrique que le groupe Alex Swings Oscar Sings! chante «Miss Kiss Kiss Bang», en compagnie de la plus célèbre des artistes burlesques: Dita von Teese. Celle-ci, avec le talent de sa sulfureuse silhouette, offre un effeuillage aux millions de téléspectateurs, qui resteront insensibles à ce tableau cabaret faisant pâle figure sur cette scène immense de l'Eurovision. L'Allemagne finira 20e sur 25.

C'est aussi, et nous sommes bien malheureux de vous le rappeler, hélas, les années de la tecktonik et des coupes de cheveux sublimées à coups de Vivelle Dop Fixation Béton. Un voyage dans le temps.

Ruslana Lyzhychko gagnante représentant l'Ukraine en 2004 à Istanbul, Turquie

Le groupe Alex Swings Oscar Sings! représentant l'Allemagne en 2009 avec l'artiste burlesque Dita von Teese à Moscou, Russie

Côté mode, dans les années 2000, le blanc est remis à l'honneur par les collections minimalistes de Marc Jacobs, fraîchement nommé directeur artistique chez Louis Vuitton.

Mais Marc Jacobs perturbe et inspire aussi toutes les tendances de ces années-là. Que l'on soit endimanché ou sans chemise, l'éclectisme est de mise. L'Eurovision devient un spectacle et, de la mode standard aux tenues plus loufoques, tous les styles se côtoient.

Le ringard est poussé à son paroxysme avec l'Allemagne en 2000. Stefan Raab y chante la très kitch « Wadde hadde dudde da ? ». Il est, avec ses guitaristes en flamboyante tenue de cow-boy disco en strass dorés... Une prestation inoubliable qui finit 5e ce soir-là.

Le saviez-vous ?

En 2004, c'est l'Ukrainienne Ruslana, *aka* Xena la guerrière, qui remporte le Concours. Ruslana reçoit le trophée de la victoire des mains de Sertab Erener. Mais lorsque celle-ci monte sur scène, elle perd sa chaussure gauche, son talon s'étant coincé dans un grillage.

Verka est depuis devenue iconique pour l'Eurovision, symbole de la ringardise assumée alors par le Concours.

LES LOOKS EUROVISION-NESQUES

Ce qui se passe à l'Eurovision reste à l'Eurovision.

Les figures iconiques sont intemporelles. Elles définissent et racontent une époque, mais restent systématiquement une référence. On les admire, on les moque, on les fantasme… Elles ne laissent définitivement pas de marbre et offrent assurément une résonance particulière.

Un peu comme des oreilles de Mickey qu'on achète et que l'on ne peut assumer qu'à Disneyland, la réputation du Concours Eurovision de la chanson va de pair avec ses looks.

De manière quasi instinctive, quand on pense look et Eurovision, le premier qui nous vient en tête est naturellement et évidemment celui du très « camp » Verka Serduchka. C'est Andriy Danylko, chanteur et comédien qui incarne ce loufoque personnage drag de femme puissante venant du futur pour l'Ukraine en 2007. Accompagnée de danseurs et de musiciens, Verka arbore une tenue argentée étincelante, ornée de paillettes et surmontée d'un chapeau en forme d'étoile, ressemblant à une véritable boule disco mobile. Bien que ce choix a suscité une controverse en Ukraine, il n'a pas empêché l'artiste de charmer les spectateurs et de terminer 2e du Concours cette année-là ! Verka est depuis devenue iconique pour l'Eurovision, symbole de la ringardise assumée alors par le Concours, et revêt ses habits de paillettes dès que l'occasion se présente avec toute la joie qui la caractérise. Elle est ainsi réapparue sur la scène de l'Eurovision en 2017 et en 2019 en tant qu'invitée. Jamais deux sans trois ? *Ein zwei drei* !

Impossible de faire l'impasse sur Lordi : premier groupe de hard-rock à se produire sur scène et à remporter le Concours Eurovision en 2006 pour la Finlande avec cet hymne impérissable, « Hard Rock Hallelujah ».

En 2008, le monde est inondé par le raz-de-marée *Pirates des Caraïbes*, après que Disney a sorti le troisième volet de sa franchise à succès au cinéma. Et, comme les sous-marques de chez Wish, la Lettonie nous offre 3 longues minutes du groupe Pirates of the Sea, affublé de ses plus belles cuissardes et de sa chanson déjà oubliée « Wolves of the Sea ». Il finira 12e. Yo ! Ho !

2023, en direct de Liverpool, sur un « Cha Cha Cha » endiablé, Käärijä en boléro vert néon surdimensionné et ses partenaires tout de rose fluo vêtus. Euphorie et épilepsie ! La Finlande offre ici une prestation singulière, dont seule l'Eurovision a le secret ! Ils finissent 2e ce soir-là, mais 1er du télévote ! Une chose est certaine, la chanson comme la tenue du chanteur resteront dans l'histoire du Concours.

Verka Serduchka représentant l'Ukraine en 2007 à Helsinki, Finlande

Le groupe Pirates of the Sea représentant la Lettonie en 2008 à Belgrade, Serbie

Le groupe Lordi représentant la Finlande en 2006 à Athènes, Grèce

Käärijä réveille le public comme jamais en chantant « Cha Cha Cha » pour la Finlande en 2023 à Liverpool, Royaume-Uni

Kate Miller-Heidke s'envole sur sa perche pour l'Australie en 2019 à Tel Aviv, Israël.

Rona Nishliu représentant l'Albanie en 2012 à Bakou, Azerbaïdjan

Dans les années 2010, la mode devient cool et décontractée. Les pièces maîtresses sont le bomber et le sweat à capuche. On privilégie le confort du *streetwear* et on l'assume. Les hommes « s'hipstérisent » et la barbe devient enfin tendance. À l'Eurovision, on s'inscrit dans la tendance et on arrête les frais du psychédélique de la décennie passée. Collectivement et en intelligence, les délégations des télédiffuseurs nationaux et l'UER font revenir (enfin) des jurys dans le Concours afin de limiter le supplice et la surenchère de prestations loufoques qui ont fini par desservir l'émission; et, par conséquent, les audiences dans de nombreux pays. L'Eurovision change d'image et de nombreuses délégations s'inspirent de ce qui se fait de plus moderne dans le spectacle vivant. De nombreuses stars pop révolutionnent le show de leurs tournées (Lady Gaga, Katy Perry, Beyoncé, etc.) et le Cirque du Soleil transcende l'art du show à Las Vegas et partout dans le monde. La mode s'émancipe du tissu et le costume devient un élément de mise en scène. Projections, LED intégrées aux vêtements, costumes mécaniques, machines à vent pour faire voler les voilages. La scène de l'Eurovision est grande, le public est nombreux, c'est le moment d'être impressionnant.

L'Eurovision devient plus qu'un simple concours de chant, c'est une cérémonie de gala. Comme les Grammy ou le MET Gala, les tenues sont sublimes et grandioses.

Kate Miller-Heidke, « Zero Gravity », Australie, 2019: pour illustrer la chanson, la chanteuse, accompagnée de deux danseuses, se balance postée en robe de princesse blanche sur un impressionnant système de perche à plusieurs mètres de hauteur, nous offrant à la fois une sensation de fluidité et de vertige.

Elina Nechayeva et sa robe aux motifs projetés incroyables pour l'Estonie en 2018 à Lisbonne, Portugal

S'il y a une prestation de robe qui sert d'écran, c'est bien celle d'Elina Nechayeva pour l'Estonie en 2018, avec sa chanson « La forza ». La prouesse artistique est ici sans commune mesure, où la chanson et les lumières se combinent à la réalisation formant un tout d'une beauté graphique rare. Mais la délégation a bien failli ne pas pouvoir présenter ce show sur scène, éprouvant des difficultés à financer les 65 000 euros nécessaires à la technique du numéro. Mart Normet, chef de la délégation estonienne : « Il est difficile pour l'État d'expliquer pourquoi dépenser 65 000 euros pour le Concours. L'Eurovision peut sembler être un divertissement léger, mais, en réalité, c'est l'un des plus importants pour le marketing de la nation. Si la victoire doit venir en Estonie, c'est une excellente opportunité de publicité pour notre pays en tant que destination auprès de 200 millions de téléspectateurs. » Finalement, après une campagne médiatique acharnée, des sponsors seront trouvés. M. Normet rappellera alors dans les médias que : « L'Eurovision peut être un jeu difficile lorsque l'on est une petite nation avec de grandes idées. Nous sommes ravis qu'une solution ait été trouvée et sommes heureux de pouvoir offrir à l'Europe et au monde ce que nous croyons être un moment télévisuel vraiment impressionnant. »

Dami Im représentant l'Australie en 2016 à Stockholm, Suède

Les mamies les plus célèbres de l'Eurovision : Buranovskiye Babushki représentant la Russie en 2012 à Bakou, Azerbaïdjan

L'Australie présente, en 2016, Dami Im, « Sound of Silence » : dans une magnifique robe signée du designer australien Steven Khalil, dont la spécialité sont les robes de mariée de luxe. On retrouve ici tous les codes du genre dans le tissu, un organza italien brodé en passepoil métallique.

En 2012, deux phénomènes bousculèrent la *pop music* occidentale : le « Gangnam Style » de Psy, et les Buranovskiye Babushki à l'Eurovision. Ce groupe atypique de grand-mères russes, dont la somme des âges avoisine les 500 ans, nous offre une des prestations les plus déconcertantes, touchantes, barrées, quintessence de la folie de l'Eurovision. Parées de la traditionnelle tenue de *babushka* russe, dont le nom est tiré de l'écharpe que les personnes âgées portaient sur la tête pour se protéger du froid, elles portent également une typique robe sarafane brodée. Avec la chanson « Party for Everybody », elles font exploser les compteurs des points et se hissent à la 2e place du Concours. La Suisse, non contente d'avoir compris la recette du pain russe à cuire, que nos *babushki* préparaient tout sourire en seulement 3 minutes sur scène, a été le seul pays à ne pas leur donner de points. Ou peut-être était-ce indigeste ? Allez savoir...

Netta, avec « Toy » pour Israël en 2018, remporte le Concours dans ce magnifique kimono traditionnel japonais qui lui vaudra pourtant une salve de critiques de bien-pensants l'accusant alors d'appropriation culturelle. Netta est une fan de culture japonaise, de mangas et de jeux vidéo, qu'elle a simplement voulu honorer ce soir-là.

Netta gagnante chante « Toy » et gagne pour Israël en 2018 à Lisbonne, Portugal.

Ce groupe atypique de grand-mères russes, dont la somme des âges avoisine les 500 ans, nous offre une des prestations les plus déconcertantes, touchantes, barrées, quintessence de la folie de l'Eurovision.

Kalush Orchestra, gagnants représentant l'Ukraine en 2022 à Barcelone pendant leur tournée

Barbara Pravi représentant la France en 2021 à Rotterdam, Pays-Bas

LES ANNÉES 2020

Quelles sont les tendances mode des années 2020 ? Il est aujourd'hui trop tôt pour le dire : même si certaines se dessinent, l'individualité et le retour aux styles des années 1990 semblent plaire. Mais, à l'Eurovision, on ne suit plus trop les tendances. Le spectacle est de mise. On met en valeur l'artiste avant tout et on le fait avec talent, élégance ou controverse : on marque les esprits. La scène de l'Eurovision est transformée, le Concours se déringardise en France et les créateurs de renom prennent la part belle au spectacle pour faire briller leurs créations devant des millions de téléspectateurs. Voici quelques tenues récentes les plus mémorables de ces dernières années.

Barbara Pravi finit 2e à l'Eurovision 2021, habillée d'un sublime et élégant bustier noir échancré signé Christian Dior. Superstitieuse, elle a fait insérer à l'intérieur une petite poche contre son cœur, où elle a placé un porte-bonheur : une pièce de monnaie de son arrière-grand-mère.

2022, Ukraine. Kalush Orchestra et sa chanson « Stefania » remportent le Concours avec un nombre record de 631 points, témoins de la solidarité à l'égard du peuple ukrainien, qui subit les bombardements russes depuis des mois. Outre ce bob rose en laine porté par le leader et chanteur du groupe, signature visuelle de l'ensemble, Oleh Psiuk porte une tenue traditionnelle du XXe siècle issue de la région de Bukovine. Son costume est orné de perles sur la partie supérieure et offre une interprétation moderne de la chemise brodée, connue sous le nom de « *vyshyvanka* » en Ukraine.

En 2023, quand la France annonce l'artiste de sa candidature, le monde de la mode est en émoi : La Zarra. Elle est cinématographique. C'est une belle femme qui joue de son image de pin-up au style années 1950. Lorsqu'elle apparaît sur la scène de Liverpool, c'est dans une impressionnante robe noire de plus de 3 mètres de haut en maille Lurex à sequins que la chanteuse se révèle. Une femme-bijou,

Époustouflante Chanel qui electrise toute l'Europe avec sa chanson « SloMo » pour l'Espagne en 2022 à Turin, Italie.

voilà ce qu'a cherché à faire de La Zarra le créateur parisien Romain Thevenin — styliste habitué des vêtements de scène qui, par ailleurs, a déjà habillé les plus grandes stars (Lady Gaga, Nicki Minaj, Aya Nakamura, etc.) –, en passant plus de 100 heures avec son équipe sur le haut de la robe brodée de cristaux et de strass aux épaulettes d'inspiration royale ornées de pierres rouges. Malheureusement, malgré la hauteur prise lors de la prestation, celle-ci n'aura pas permis à La Zarra de se hisser dans le haut du tableau des scores. Évidemment, toutes ces belles promesses que j'entends, ce n'est que du vent. Dommage, on était à un doigt d'y croire.

Chanel, « SloMo », Espagne, 2022. Le dernier rapport du GIEC précise en annexe que l'Espagne a fait drastiquement monter la température de l'Eurovision en 2022 avec la chanson « SloMo », interprétée par la sulfureuse Chanel. La chanteuse est habillée par Alejandro Gómez Palomo, créateur de la marque Palomo Spain et réputé pour ses collections théâtrales et extravagantes. Il crée une tenue d'inspiration typique des matadors, qu'il féminise à son paroxysme. La pièce maîtresse est un body en Lycra et tulle noirs, largement décolleté et orné de milliers de cristaux Swarovski, qui lui permet de montrer aisément sa grande souplesse. La veste courte à larges épaulettes — fabriquée sur mesure — nous rappelle le torero espagnol. Avant sa performance, le styliste déclare aux médias espagnols : « Notre objectif est que l'Espagne soit immédiatement reconnaissable, que, dès l'arrivée de Chanel sur scène, on sache que c'est notre pays. » Pari réussi pour ce *sexy body* qui propulse Chanel à la 3e position cette année-là, un score bien mérité pour sa performance enflammée ! Olé !

Le groupe ukrainien Go_A et sa chanson techno-folk « Shum » qui, en 2021, viendront marquer les esprits avec l'extravagante tenue de la chanteuse principale, Kateryna Pavlenko, aux faux airs de Trinity dans *Matrix*. Impossible de ne pas être hypnotisé devant sa veste de plumes et fourrure vert fluo radioactive sur un ensemble gilet en pantalon en cuir, qui les mène à la 5e place au tableau des scores le soir de la grande finale.

Subwoolfer représentant la Norvège en 2022 à Turin, Italie

Subwoolfer, « Give That Wolf a Banana », Norvège, 2022. Ce sont des loups-garous venus de la Lune pour manger des grand-mères et qui, pour passer leur faim, réclament des bananes. Avec ça, on a presque tout dit. Keith et Jim sont les premiers participants dont personne n'a connu ni les visages ni l'identité tout au long de la compétition. Ce n'est qu'un an plus tard qu'ils se révèlent être le Britannique Ben Adams, ancien membre du boys band anglais A1, et le Norvégien Gaute Ormåsen, finaliste de l'émission « Idol » (équivalente de « Nouvelle Star ») en Norvège, en 2003.

LE PRIX BARBARA-DEX

Tout commence en 1993, organisé en Irlande, où, sur scène, la candidate belge Barbara Dex chante sa chanson en néerlandais, « Iemand als jij » (« Quelqu'un comme toi »). Sa robe est plutôt informe, son col Claudine trop grand, ses manches trop bouffantes, le tissu jaune pâle transparent couvre un fond de robe noir peu élégant… l'allure n'est pas franchement au rendez-vous. Ajoutez à cela une chanson peu convaincante et la Belgique finit en bas du classement.

Après sa performance, Paul de Leeuw, le commentateur néerlandais, se moque en disant qu'un Prix de la robe la plus laide devrait être créé en l'honneur de Barbara Dex. Cette idée n'est pas tombée dans l'oreille d'un sourd : quatre ans

Barbara Dex pour la Belgique en 1993 à Millstreet, Irlande

Milan Stanković représentant la Serbie en 2010 à Oslo, Norvège

plus tard, deux fans néerlandais, Edwin Van Thillo et Rob Paardekam, créent le fameux prix hommage.

À partir de 1999, c'est via un vote en ligne que les gagnants sont désignés. En vingt-cinq ans d'existence, le Barbara Dex Award a récompensé des propositions vestimentaires : audacieuses, comme Nina Kraljić pour la Croatie en 2016 ; colorées, comme Lydia pour l'Espagne en 1999 ; parfois franchement indescriptibles, comme Milan Stanković pour la Serbie en 2010 ; avec une décennie de retard, pour Zoli Ádok et sa troupe en 2009 pour la Hongrie avec « Dance with Me » ; inclassables, comme Conan Osíris pour le Portugal en 2019 ; mais toujours assumées et avec de temps en temps des tenues très « camp », comme Verka Serduchka, grande gagnante du Barbara Dex Award en 2007 (on en rit encore).

Le thème du prix change un peu : il célèbre les costumes les plus créatifs, diversifiés et positifs.

Le Barbara Dex Award est remplacé dès 2022 par le « You're a Vision Award » (un excellent jeu de mots, si on y met un peu d'accent anglais : *You're a vision — Eur-ovision*). Le thème du prix change un peu : il célèbre les costumes les plus créatifs, diversifiés et positifs à l'Eurovision. Cette même année, c'est le chanteur australien Sheldon Riley qui remporte la martingale.

Conchita Wurst sur le podium
du défilé haute-couture
de Jean-Paul Gaultier en 2014

Pour Anggun, Gaultier crée une somptueuse tenue composée d'un corset bustier cuivré et de voiles transparents, un style dans la lignée pure du créateur.

Anggun sublime
en Gaultier pour la
France en 2012 à
Bakou, Azerbaïdjan

L'EUROVISION HAUTE COUTURE

S'il y a bien une tendance qui caractérise Jean-Paul Gaultier, c'est celle de n'en suivre aucune. Il est un des créateurs français les plus reconnus au monde, un véritable pilier de la mode. Ses créations offrent au monde des messages clairs et sans équivoque : la vie n'a pas de place à laisser aux donneurs de leçons. Jean-Paul Gaultier mélange les genres, secoue les conventions.

Avec son audace, son talent, son irrévérence et son humour, Jean-Paul Gaultier devient une icône de la mode dès les années 1990, avec en pièces maîtresses son indétrônable marinière et le corset saumon aux seins coniques porté sublimement par Madonna lors du *Blond Ambition Tour*. Un look iconique pour une star iconique. Cette même Madonna qu'il habille des années plus tard, en 2019, lors de sa prestation hors concours pour l'Eurovision.

IL LES A HABILLÉ·E·S POUR L'EUROVISION

Amina, « C'est le dernier qui a parlé qui a raison », France, 1991

Elisabeth Andreassen, « I evighet », Norvège, 1996

Dana International, « Diva », Israël, 1998 et « Ding Dong », Israël, 2011

Anna Vissi, « Everything », Grèce, 2006

Anggun, « Echo (You and I) », France, 2012

Madame Monsieur, « Mercy », France, 2018

JEAN-PAUL GAULTIER

Jean-Paul Gaultier suit le Concours depuis ses 8 ans, l'année de « Tom Pillibi ». C'est un des créateurs les plus prolifiques… et il fait profiter de son grand talent la planète Eurovision. Il habille les artistes, bien sûr, mais ses créations profitent aussi aux présentateurs ou aux performeurs d'un soir… « J'ai vu le monde de la mode évoluer à travers le Concours », déclare-t-il au journal *Le Monde*.

Jean-Paul Gaultier, le *French King* de la mode, est un fan inconditionnel de l'Eurovision. Il aura même l'opportunité d'en être le présentateur en 2008, aux côtés de Julien Lepers : « Un rêve de gosse. »

Un défenseur du programme, qui se fait rare en France, pays de la critique facile. « En France, on est assez snobs. L'Eurovision est devenu assez kitsch, alors qu'auparavant les chansons du Concours étaient les musiques de l'époque », souligne-t-il en évoquant des participantes, telles que l'Anglaise Sandie Shaw (avec « Puppet on a String », en 1967) ou France Gall (avec « Poupée de cire, poupée de son », de Serge Gainsbourg, en 1965). Les looks sont kitsch, mais ça lui plaît… comme à nous !

Jean-Paul Gaultier fonde son univers sur des valeurs fondamentales : l'inclusivité, la diversité et le mélange des genres. On connaît également son engagement et son combat contre l'homophobie. Des valeurs que porte l'Eurovision. Les planètes sont alignées.

VII. LES STARS

Depuis plus de soixante-cinq ans, l'Eurovision est l'événement non sportif le plus regardé au monde: 150 millions à 200 millions de téléspectateurs se retrouvent chaque année pour assister de loin à cette soirée exceptionnelle, auxquels on peut ajouter de nos jours les millions de replays sur Internet et sur les réseaux sociaux. Cette puissante couverture médiatique peut propulser un artiste. On ne compte plus les vedettes ayant foulé la scène de l'Eurovision depuis sa création. Celles sur lesquelles nous allons faire un focus sont celles que l'Eurovision a faites stars, ou celles qui ont fait briller la scène de l'Eurovision pour un soir. De France Gall à Céline Dion, de Hugues Aufray à Slimane, de ABBA à Måneskin, la liste est très longue...

Star avant le Concours, pour assurer une sympathie et engranger des votes pour une victoire nationale, ou star propulsée après le Concours tant la prestation révèle le talent du participant, ces artistes doivent une part de leur histoire au Concours Eurovision de la chanson.

Bonnie Tyler,
représentante du
Royaume-Uni en 2013 à
Malmö, Suède

STARS AVANT
DE PARTICIPER AU CONCOURS

Les seize candidats en compétition pour le Concours de l'Eurovision 1963 à Londres au Royaume-Uni dont Nana Mouskouri pour le Luxembourg, Françoise Hardy pour Monaco et Alain Barrière pour la France

FRANÇOISE HARDY

« L'amour s'en va », Monaco, 1963

Portée par la vague des yéyés dans les années 1960, François Hardy doit son succès fulgurant à la diffusion de son tube « Tous les garçons et les filles » en 1962 à la télévision. *Paris Match* la consacre même nouvelle idole de la chanson à tout juste 19 ans. Son style, empreint de douceur et de mélancolie, séduit la délégation de la principauté de Monaco. Elle est alors sélectionnée pour défendre les couleurs monégasques au grand Concours Eurovision en 1963, qui se déroule cette année-là à Londres.

La chanson « L'amour s'en va », dont elle est l'auteure-compositrice et interprète, est une ballade mélancolique sur la perte d'un amour… Thème universel qui finira 5e du Concours.

Françoise apparaît très simplement en petite robe noire, yeux de biche et frange XXL… Elle est d'une beauté ravageuse.

PATRICIA KAAS

« Et s'il fallait le faire », France, 2009

Révélée au public français en 1988 avec son titre iconique « Mademoiselle chante le blues », Patricia Kaas entre dans la grande famille Eurovision en 2009 avec une carrière européenne déjà bien remplie, de nombreux tubes à son actif, des tournées dans toute l'Europe, des prix nationaux et internationaux, dont 5 Victoires de la musique en France, 7 albums et *Kabaret*, son 8e, alors en pleine préparation… Patricia Kaas n'a plus grand-chose à prouver.

En 3 minutes, elle nous cueille par sa voix, son intensité et son charisme, et fait de cette chanson un moment iconique, toutes les Eurovisions confondues.

Patricia Kaas représantant la France en 2009 à Moscou, Russie

Pour la France, c'est la première fois qu'une artiste aussi connue et reconnue s'apprête à représenter le pays au Concours au XXIe siècle. Un choix éminemment stratégique de la part de la délégation.

En 2009, le Concours Eurovision se déroule à Moscou, en Russie, où il se trouve que Patricia Kaas est une immense star. On murmure même que l'un de ses plus grands fans n'est autre que le président Vladimir Poutine. Ce n'est donc pas un hasard si c'est elle qui est envoyée pour porter haut les couleurs du drapeau tricolore en territoire slave.

Notre vieux pays mise sur la sobriété. La chanson « Et s'il fallait le faire », écrite par Fred Blondin, est une chanson française typique qui prend au cœur. Une ritournelle entêtante accompagne délicatement la chanteuse au piano, sur un voile onirique d'instruments à cordes et de quelques touches d'accordéon pour évoquer l'héritage séducteur de Piaf. La mise en scène est sobre, peut-être trop simpliste. La phrase « Et s'il fallait le faire » est déclinée sur les panneaux vidéo dans plusieurs langues alors que Patricia, droite comme un I derrière son micro sur pied, nous délivre intensément cette histoire d'amour contrariée.

L'interprétation de Patricia Kaas est bouleversante. En 3 minutes, elle nous cueille par sa voix, son intensité et son charisme, et fait de cette chanson un moment iconique, toutes les Eurovisions confondues.

Ce sera une 8e place pour la France, la délégation trop confiante par le fait que seule la notoriété de Patricia pouvait suffire. Elle témoigne dans les colonnes du Parisien : « J'étais très déçue, mais quand on regarde le côté positif, on est 8e, ce qui est une bonne place, et puis ça fait longtemps que les Français n'avaient pas eu autant de points. » Sa prestation décrochera cependant le prix Marcel-Bezençon de la meilleure interprétation au Concours Eurovision de cette année. Mérité.

Nous pouvons également nous émouvoir du fait que le Concours se déroule ce soir-là un 16 mai, date de l'anniversaire de la mort de la mère de Patricia. C'est une tradition depuis lors, la môme Kaas ne se produit jamais à cette date-là. Ayant fait une exception pour le grand Concours Eurovision, on ne peut qu'être encore plus touché par la performance de cette incroyable artiste.

Le groupe Blue représentant le Royaume-Uni en 2011 à Düsseldorf, Allemagne

BLUE

« I Can », Royaume-Uni, 2011

Si le groupe s'est formé en 2001, c'est en 2002, avec la reprise de « Sorry Seems to Be the Hardest Word » de Sir Elton John, que le groupe composé de Simon Webbe, Duncan James, Antony Costa et Lee Ryan s'impose dans toute l'Europe, voire le monde.

Après trois albums et des récompenses dans tous les sens, dont plusieurs Brit Awards, le groupe décide de se séparer en 2005, pour que chacun des membres se concentre sur sa carrière solo.

Après un soubresaut de vie et une annonce ratée de reformation en 2009, c'est bien en 2011 que l'on voit le groupe renaître de ses cendres lorsque le Royaume-Uni annonce, par le biais d'un reportage d'une heure intitulé « Eurovision : Your Country Needs Blue », que ces quatre éphèbes vont représenter leur pays au grand Concours Eurovision.

La chanson « I Can », un mélange de pop et de toutes les sonorités bien particulières au groupe, est sur le papier efficace, mais n'apporte rien de bien nouveau au paysage musical actuel. Leur performance le soir de la finale du 14 mai 2011 est un pur concentré de ce que le groupe fait depuis dix ans maintenant : feux d'artifice, costumes satinés et notes aiguës beuglées de Lee Ryan. Mais lorsque vient le moment des résultats, le couperet tombe et c'est une 11e place pour Blue, qui déplore après coup un vote de copinage entre les pays, le télévote les ayant placés en 5e position.

La suite, on la connaît : une tournée reprenant leurs plus grands tubes est opérée, deux nouveaux albums qui peinent à faire du bruit, hormis en Asie, et une performance très critiquée en novembre 2022 pour la Coupe du monde de la FIFA, en raison de la politique bafouant les droits de l'homme et anti-LGBTQIA+ au Qatar.

Sur le papier, tout fonctionne : une grande voix, une chanson où se mêle du français et de l'anglais, un petit gimmick qui reste bien en tête.

Anggun représentant la France en 2012 à Bakou, Azerbaïdjan

ANGGUN

« Echo (You and I) », France, 2012

La France tombe en amour devant la voix ronde, chaude et puissante de la belle Indonésienne en 1997 avec le plus grand tube de sa carrière, « La Neige au Sahara ». Son premier album, *Au nom de la lune,* se vend à près de 900 000 exemplaires dans le monde, en s'exportant non seulement dans toute l'Europe, mais aussi en Indonésie, au Japon et aux États-Unis.

Quatre albums plus tard, Anggun revient sur le devant de la scène fin 2011 avec son album *Échos,* sur lequel on peut retrouver le single « Echo (You and I) », un titre aux sonorités qui se veulent modernes, destiné à représenter la France à l'Eurovision en 2012 à Bakou, en Azerbaïdjan.

Sur le papier, tout fonctionne : une grande voix, une chanson où se mêle du français et de l'anglais, un petit gimmick qui reste bien en tête, une note tenue à la fin, le tout sublimé par une tenue combo corset culotte cuivrée mêlant transparence et cuir avec de grands voiles créés spécialement pour l'occasion par Jean-Paul Gaultier, qui flottent au vent des *wind machines* du plus bel effet.

Malgré cet assemblage d'éléments plutôt alléchants, la France finira 22ᵉ sur 26 avec... Zéro point au télévote. La fessée ! Les qualités vocales d'Anggun sont indéniables, mais la chanson est une vieille dance-pop mêlant musique électronique et sons ethniques qui ont certes fait le succès de la chanteuse par le passé, mais qui, en 2012, sont déjà un peu datés. Il n'en reste qu'un mauvais bol de soupe en franglais à l'orchestration mal combinée et incompréhensible.

Ajoutez à cela une mise en scène quasi inexistante, dont la seule fantaisie repose sur trois gymnastes aux corps ciselés qui s'amusent à faire des pirouettes autour d'une pauvre Anggun qui s'accroche à ses voiles pour mieux les faire flotter.

La chanteuse se dira « plus que déçue » de sa 22ᵉ place et blâmera le problème des votes de copinage liés à la géopolitique au sein du Concours, en reconnaissant tout de même que la chanson « Euphoria » de Loreen, la gagnante suédoise de cette année-là, était d'une pure efficacité.

Fair-play, Anggun, on aime.

Tout miser sur la renommée de l'artiste sans chercher à créer une prestation à la hauteur de l'événement prouve par la 19e place de Bonnie, ce soir-là, que cette stratégie ne marche pas.

Cascada, représentante de l'Allemagne en 2013 à Malmö, Suède

CASCADA

« Glorious », Allemagne, 2013

Cascada n'est pas juste la pétillante blonde que l'on voit dans les clips qui répond au doux nom de Natalie Horler, c'est un groupe composé également des deux DJ et producteurs Manian et Yanou. Tous débarquent en 2006 dans nos oreilles avec l'iconique « Everytime We Touch ». Raz-de-marée international, la chanson se place en tête des charts avec plus de 3 millions de singles vendus à travers le monde dont 1,2 million aux Royaume-Uni et 1 million aux Ètats-Unis !

En 2013, le groupe est annoncé comme participant à l'émission allemande « Unser song fur Malmö » à savoir l'émission de sélection de la chanson pour représenter l'Allemagne à l'Eurovision. Cascada remporte alors la sélection avec la chanson « Glorious ». D'abord accusés de plagiat (la chanson serait une resucée de « Euphoria » de Loreen, gagnante en 2012), les rumeurs sont vite enterrées et le groupe part à Malmö en grand favori du concours, profitant d'une canonisation de la part des bookmakers et des eurofans.

Natalie Horler en robe dorée, chevelure de sirène, nous raconte qu'on est glorieux, que le monde est à nous et que tout est possible. Pyrotechnie, paillettes, deux choristes qui s'époumonent, un petit gimmick qui va bien avant que Natalie finisse par marcher à travers la foule en délire, rien ne nous est épargné.

Malheureusement le manque de justesse ne pardonne pas. Le couperet du live sévit et le groupe termine à la 21e place sur 26.

BONNIE TYLER

« Believe in Me », Royaume-Uni, 2013

Le Royaume-Uni n'a pas remporté l'Eurovision depuis Katrina and the Waves, « Love Shine a Light », en 1997. Après quelques sessions de brainstorming et d'heures de négociations, c'est décidé, Bonnie Tyler ira les représenter. Une valeur sûre sur le papier.

Avec près de 40 ans de carrière, chacun d'entre nous a eu dans les oreilles des titres iconiques tels que « It's a heartache », « Holding Out for a hero » ou encore « Total Eclipse of the Heart ».

Bonnie est alors à Nashville en train d'enregistrer son nouvel album « Rocks and Honey ». La BBC tombe sur son titre « Believe in Me » et propose à Bonnie de les représenter à Malmö. Notre star pop rock accepte immédiatement la proposition qui lui est faite, profitant de la médiatisation du concours pour faire la promo de son nouvel album à venir à travers toute l'Europe.

Bonnie Tyler, représentante du Royaume-Uni en 2013 à Malmö, Suède

Malheureusement, la chanson est une sorte de ballade country où la voix de Bonnie peine à se faire entendre, noyée dans une masse de chœurs trop présents. Rajoutez à cela une pauvre mise en scène se limitant à quelques faisceaux de lumières. On a beau avoir de la bouteille, on ne fait pas de miracles. Tout miser sur la renommée de l'artiste sans chercher à créer une prestation à la hauteur de l'événement prouve par la 19e place de Bonnie ce soir là, que cette stratégie ne marche pas.

La chanteuse dira, à la suite de sa défaite, qu'elle a « fait de son mieux » et qu'elle est heureuse d'avoir participé au concours car c'était comme se produire aux Grammy Awards.

t.A.T.u.

« Ne Ver, Ne Boysia », Russie, 2003

t.A.T.u. jouit d'une forte notoriété en Europe depuis 2002 avec le fameux tube « All the Things She Said ». Le duo se nourrit notamment du buzz marketing basé sur la prétendue relation homosexuelle entre les deux jeunes chanteuses Julia Volkova et Lena Katina, que l'on sait aujourd'hui fausse. Elles arrivent en 2003 à Riga en Lettonie en grandes favorites, tant l'annonce de leur participation est médiatisée. Toujours dans la provocation, les deux jeunes chanteuses multiplient les annonces d'un potentiel baiser sur la bouche devant les caméras. L'UER les menacent alors de disqualification devant l'argument imparable du « Ceci est un show familial » (on est au début des années 2000 et beaucoup de chemin reste à parcourir pour les droits des communautés LGBTQIA+). Que la télévision se rassure, il n'en sera rien.

Malgré une 3e place décrochée, la chanson de t.A.T.u. « Ne ver, ne boysia, ne prosi » (« Ne crois pas, n'aie pas peur, ne demande pas ») est certainement l'une des pires prestations que l'Eurovision ait jamais vue tant leur niveau de fausseté est à son paroxysme.

On retiendra de leur prestation live qu'elles étaient accompagnées de beaucoup de huées et de sifflets tant les deux jeunes artistes se sont illustrées tout au long de cette aventure par des comportements plus qu'impolis, arrivant en retard aux répétitions, boycottant certaines interviews et se montrant de plus en plus capricieuses.

Marco Mengoni, en 2013 à Malmö en Suède lors de sa première participation pour l'Italie

MARCO MENGONI

« L'essenziale », Italie, 2013

De tous les pays composant le « Big Five », l'Italie est celui qui envoie les propositions les plus fraîches, innovantes et intéressantes, lui permettant ainsi de ne jamais tomber très loin dans le classement final. Cela est évidemment lié au grand Festival de Sanremo, qui met en avant la chanson italienne depuis 1951 et qui permet notamment au gagnant de représenter son pays à l'Eurovision.

Marco a tout du gendre italien idéal qui vous emmènera chez la mamma manger la pasta.

Alors que l'Italie s'est retirée de l'Eurovision après 1997, faute de budget nécessaire, elle revient en 2011 après treize longues années d'absence. Le pays et la délégation veulent frapper fort encore et encore, année après année.

En 2013, c'est le jeune gagnant de « X Factor » (Italie) Marco Mengoni (alors âgé de 25 ans), déjà disque d'or grâce à son premier album, *Solo 2.0,* qui remporte le Festival de Sanremo avec sa chanson « L'essenziale ».

Sur le papier, l'Italie ne prend aucun risque et envoie ce que l'Europe attend de l'Italie : une *power ballad* tout en italien, jouant sur le charme et la classe de son interprète, Marco Mengoni. Rien ne dépasse. Petit costume cintré, des mocassins cirés, une voix ronde et puissante, un œil séducteur... (on regrettera tout de même des pattes bien trop longues), Marco a tout du gendre italien idéal qui vous emmènera chez la *mamma* manger *la pasta* le dimanche midi. L'Italie voit juste et Marco se hisse à la 7e position du classement, cumulant un total de 126 points.

Fort de sa place à l'Eurovision 2013 et de sa notoriété grandissante, Marco enchaîne les albums sacrés platine et or, les tournées dans des stades combles tout en remportant au passage le MTV Europe Music Award du meilleur artiste italien en 2013 et en 2015.

Marco Mengoni, en 2023 à Liverpool au Royaume-Uni lors de sa seconde participation avec la chanson « Due vite »

MARCO MENGONI

« Due vite », Italie, 2023

Il revient et remporte le Festival de Sanremo en 2023 avec sa chanson « Due vite ». C'est un chanteur transformé qu'on retrouve cette année-là. Dix années se sont écoulées, il est une star incontestée en Italie, il est posé, intense et toujours aussi puissant. On est loin du gendre idéal costard-cravate de 2013 et, alors qu'il est toujours resté très discret sur sa vie privée, Marco embrasse son côté *queer* avec barbe taillée, pantalon en Skaï et débardeur constellé de pampilles scintillantes, tel un lustre dans un appartement haussmannien (mais après tout, c'est du Versace).

Alors qu'il adopte la même stratégie qu'en 2013, de rester derrière son micro pour nous livrer une interprétation bouleversante de cette chanson qui parle de la difficulté de vivre ses émotions dans le monde réel, une chorégraphie sur trampoline est effectuée derrière lui par deux danseurs (les Français Vivien Youlou et Yoann Bourgeois).

La force de Marco Mengoni est que, même si on ne comprend pas l'italien, sa voix impeccable, son œil intense et son émotion à fleur de peau nous transportent avec lui dans son histoire et le propulsent à la 4e place du classement, avec 350 points sans aucun effort. Gageons qu'après la sortie de son nouvel album *Materia (Prisma)*, en 2023, et une tournée européenne incluant des stades complets en Italie, la carrière du bel Italien est loin d'être terminée.

« Nous nous sommes préparés durement pendant six mois. Nous sommes vraiment honorés et nous travaillerons ardemment pour représenter la Finlande de la meilleure des façons à Turin. »

The Rasmus représentant la Finlande en 2022 à Turin, Italie

THE RASMUS

« Jezebel », Finlande, 2022

À moins d'être né après les années 2000 et de n'avoir jamais regardé l'émission « On n'est pas couché », dont le générique sample l'un de leurs plus grands succès, The Rasmus est un des groupes finlandais de rock les plus connus au monde.

Alors que le groupe s'est formé en 1994 et a déjà plusieurs albums à son actif, c'est en 2003 qu'il perce mondialement avec « In the Shadows ». Rock alternatif, yeux charbonneux et voix éraillée, tout est réuni pour surfer sur la vague des années 2000. Bien que ce tube soit certainement l'une des seules chansons qu'on connaît d'eux en France, le groupe a sorti pas moins de dix albums de 1996 à nos jours.

Superstars en Finlande et dans les pays avoisinants, leur participation au grand concours de sélection finlandais pour représenter le pays à l'Eurovision 2022 fait l'effet d'une bombe, alors que leur décision de tenter cette aventure est due au fait que toutes les dates de tournée du groupe ont été annulées à cause de la pandémie mondiale de Covid-19. Qu'à cela ne tienne, ils sont prêts. Leur chanson « Jezebel » a été coécrite et co-composée par le leader du groupe, Lauri Ylönen, et Desmond Child (qui a collaboré, entre autres, avec Kiss et Aerosmith). Elle est complètement dans ce qu'ils savent faire : un bon morceau de variété déguisé en rock avec guitares électriques et batterie à tous les étages.

Le concours de sélection est rude et intense, mais le groupe est plébiscité par le public finlandais et remporte le droit de représenter la Finlande à l'Eurovision. Lauri Ylönen confie

à RFM: « Nous nous sommes préparés durement pendant six mois. Nous sommes vraiment honorés et nous travaillerons ardemment pour représenter la Finlande de la meilleure des façons à Turin. »

Avec une mise en scène *creepy* qui rend hommage au célèbre clown vampire de Stephen King, le groupe s'époumone et vocifère sa chanson, vantant les mérites « d'une femme libre » et rendant hommage « à toutes les femmes fortes d'aujourd'hui, qui assument leur corps, qui sont responsables de leur sensualité et de leur sexualité, et qui sont déterminées à être l'égale des hommes ». C'est également, pour les plus calés d'entre nous, un hommage au personnage de la Bible hébraïque Jézabel, reine d'Israël, souvent décrite comme une femme puissante et influente.

Ce soir de 2022 à Turin, le groupe passe en 4e position et se classe 21e sur 25 avec seulement 38 petits points.

L'ère du glam-rock est-elle enterrée pour de bon ?

Nana Mouskouri en répétition pour le Luxembourg en 1963 à Londres, Royaume-Uni

À droite: Måneskin, gagnants représentant l'Italie en 2021 à Rotterdam, Pays-Bas

STARS APRÈS

AVOIR PARTICIPÉ À L'EUROVISION

NANA MOUSKOURI

« À force de prier », Luxembourg, 1963

Quand elle arrive à Paris en 1960, Nana chante déjà dans toutes les langues: grec bien évidemment, allemand, anglais, français, italien, espagnol... Il n'y a pas d'artiste en devenir plus européenne que Nana.

Alors qu'elle commence tout juste à se faire une petite place sur le Vieux Continent, elle est approchée par RTL pour représenter le Luxembourg à l'Eurovision avec la chanson « À force de prier ». Nana apparaît à Londres, ce soir-là, avec le look qu'on lui connaît depuis des années — lunettes et carré noir corbeau à rebiquettes sur les côtés —, envoûtant la salle et les téléspectateurs de sa voix puissante et cristalline.

Malgré une 8e place, Nana a toujours su que le grand Concours Eurovision était une chance pour elle de se faire connaître dans toute l'Europe. Elle ne s'est pas trompée. Amie depuis plusieurs années du compositeur de génie Michel Legrand, elle enregistre plusieurs albums de ses compositions qui vont faire grand bruit dans le monde entier. Mais ce qui lance sa carrière européenne et internationale, c'est sa rencontre avec Yvonne Littlewood, productrice et réalisatrice de l'Eurovision ce soir-là pour la BBC, qui lui confie sa propre émission de variétés de 1968 à 1982 sur l'iconique chaîne anglaise, où d'autres stars de la musique viennent se produire à ses côtés, comme Olivia Newton-John ou encore Charles Aznavour.

Une *success story* bien méritée pour Nana Mouskouri, dont la carrière brillera internationalement d'est en ouest et lui fera même une place en tant qu'eurodéputée pour le parti grec la Nouvelle Démocratie, de 1994 à 1999.

Le groupe Måneskin est devenu mondialement connu après avoir remporté l'Eurovision 2021.

BALLO DELLA VI

« Waterloo »… ce n'est pas un titre comme les autres. C'est le premier morceau qui superpose des effets musicaux et qui va devenir un peu la marque de fabrique du groupe. On est sur un tube qui bouge, qui donne envie de danser, à la fois rock, jazz, mais aussi disco.

ABBA (Björn Ulvaeus, Agnetha Fältskog, Anni-Frid Lyngstad et Benny Andersson) gagnants représentant la Suède en 1974 à Brighton, Royaume-Uni

ABBA

« Waterloo », Suède, 1974

C'est à la suite d'une rencontre en studio d'enregistrement en 1966 que Björn Ulvaeus et Benny Andersson décident de collaborer et d'écrire des chansons. Après des débuts un peu chaotiques, Benny Andersson finit par écrire une chanson pour le Melodifestivalen de 1969 (concours de sélection pour la chanson suédoise qui représentera le pays à l'Eurovision), qui sera reléguée à la 2e place. Malheureux au jeu, heureux en amour, il rencontre ce soir-là celle qui deviendra sa femme, Anni-Frid Lyngstad (la brune).

De son côté, Agnetha Fältskog (la blonde) est déjà une star. Elle écrit, compose et chante ses propres chansons et commence à connaître une petite notoriété en Suède. Sur un plateau télé en 1969, elle rencontre Björn Ulvaeus et c'est le coup de foudre.

C'est en 1970, à la suite de petits concerts improvisés à l'occasion de vacances de couples à Chypre, que tout ce petit monde décide d'unir ses forces et de devenir le groupe mondialement connu ABBA (l'acronyme de leurs prénoms).

Le groupe peine à se faire connaître. Leurs premiers singles, « People Need Love » et « Disillusion », ne se font pas remarquer. Ils décident alors de participer au concours national Melodifestivalen en 1973 et arrivent 3e du classement avec la chanson « Ring Ring », qui leur permettra alors de développer leur notoriété.

Non contents de n'avoir pas pu se placer sur la première marche du podium, ils se représentent au grand concours de sélection suédois en 1974 avec la chanson qui va révolutionner leur vie : « Waterloo ».

« Waterloo »… ce n'est pas un titre comme les autres. C'est le premier morceau qui superpose des effets musicaux et qui va devenir un peu la marque de fabrique du groupe. On est sur un tube qui bouge, qui donne envie de danser, à la fois rock, jazz, mais aussi disco.

C'est un mélange de genres totalement novateur pour les années 1970, et surtout pour le Concours Eurovision de la chanson.

Lorsque ABBA débarque en 1974 à Brighton, c'est de la folie ! La chanson est plébiscitée par tous : tout d'abord, elle est chantée en anglais, ce qui est une véritable nouveauté pour la Suède. De plus, elle dénote franchement au milieu de toutes les ballades proposées par les autres pays, en mettant en avant les deux voix puissantes de Anni-Frid et Agnetha sur une musique endiablée.

Et enfin... que serait ABBA sans son look iconique : *platform shoes,* lamé, col pelle à tarte... Tout y passe.

Pour ABBA, l'Eurovision, c'est le début de tout.

Ce soir-là, les quatre membres du groupe brillent de mille feux en remportant le Concours Eurovision de la chanson, leur offrant une visibilité européenne mais aussi mondiale, puisque la chanson s'exporte au-delà des océans jusqu'en Australie, en Nouvelle-Zélande, au Canada et évidemment aux États-Unis.

Pour ABBA, l'Eurovision, c'est le début de tout !

Alors âgée de 18 ans, la chanteuse belge n'est connue de personne quand elle est choisie par le grand-duché de Luxembourg pour le représenter au Concours Eurovision.

Lara Fabian représentant le Luxembourg en 1988 à Dublin, Irlande

LARA FABIAN

« Croire », Luxembourg, 1988

Alors âgée de 18 ans, la chanteuse belge n'est connue de personne quand elle est choisie par le grand-duché de Luxembourg pour le représenter au Concours Eurovision avec la chanson « Croire ».

Si le look de la jeune chanteuse lui donne 10 ans de plus (brushing laqué à la Farrah Fawcett et veste rose fluo à épaulettes XXL), sa technique vocale est impeccable sur cette ballade pop au texte plein d'espoir.

Une 4e place en poche, elle s'envole deux ans plus tard pour le Canada afin de débuter sa carrière sur les chapeaux de roue, avant de revenir sur le Vieux Continent en 1996 avec le single qui lui fera conquérir l'Europe, « Tout ».

Forte de ses capacités polyglottes et de sa double nationalité belge et italienne, Lara Fabian participe au Festival de Sanremo, en Italie, avec les chansons « Voce » et « Sto male », la version italienne de la chanson « Je suis malade » de Serge Lama. Les rumeurs vont alors bon train sur la possibilité de revoir Lara sur la scène de l'Eurovision en cas de victoire, le vainqueur étant traditionnellement sélectionné pour représenter le pays au Concours. Son staff précisera alors aux nombreux journalistes qui s'emballent que : « Quinze jours avant le début du Festival de Sanremo, le management de Lara Fabian avait décliné par écrit auprès des organisateurs de la compétition toute possibilité pour Lara de représenter l'Italie au Concours Eurovision en cas de victoire. » Après trois soirs de participation au Festival de Sanremo, Lara sera alors éliminée du Concours au profit du groupe Il Volo.

Natasha raconte aujourd'hui qu'elle n'avait jamais entendu parler de l'Eurovision et qu'elle ne savait pas du tout dans quoi elle s'embarquait.

Natasha St-Pier, représentant la France en 2001 à Copenhague, Danemark

NATASHA ST-PIER

« Je n'ai que mon âme », France, 2001

Quand Natasha St-Pier arrive à Copenhague en 2001 pour représenter la France à l'Eurovision, personne ne sait qui elle est.

Malgré des débuts précoces au Canada, son pays d'origine, sa maison de disques veut lui faire connaître la même notoriété que Céline Dion en France et dans tous les autres pays francophones d'Europe. Son album *À chacun son histoire* est prêt mais a besoin d'être remanié pour plaire au public du Vieux Continent, en mettant plus en avant des textes où la scansion française met la voix de l'artiste plus en valeur. On fait donc appel à Robert Goldman (le frère de Jean-Jacques), qui lui compose et écrit une chanson spécialement conçue pour le Concours Eurovision et pour lancer sa carrière en France.

La jeune chanteuse, alors âgée de 18 ans, raconte aujourd'hui qu'elle n'avait jamais entendu parler de l'Eurovision et qu'elle ne savait pas du tout dans quoi elle s'embarquait. C'est en foulant le sol danois qu'elle prend conscience de l'ampleur des choses. La scène, le public, les millions de téléspectateurs derrière leur écran… Elle le sait… ce concours sera un tremplin pour sa carrière.

Ce soir-là du 12 mai 2001, Natasha donne tout, mais surtout son âme, et par sa voix chaude et puissante, son interprétation délicate et le subtil ajout de dernière minute du dernier refrain en anglais (une première pour la France), la jeune Québécoise et son carré effilé roux hissent la France à la 4e place, une position qu'on n'avait pas vue depuis 1995 avec Nathalie Santamaria et sa chanson « Il me donne rendez-vous ».

Dans les semaines qui suivent, Pascal Obispo contacte la jeune fille et, en 2002, le single « Tu trouveras » est sur toutes les ondes de France.

Une réalisation marquante en clair-obscur avec pour seule touche de folie de faire chanter des notes à Loreen toutes plus hautes et plus puissantes les unes que les autres.

Loreen lors de sa seconde victoire avec sa chanson « Tattoo » pour la Suède en 2023 à Liverpool, Royaume-Uni

LOREEN

« Euphoria », Suède, 2012 | « Tattoo », Suède, 2023

Le titre « Euphoria » résonne dans toutes les têtes des clubbeurs. Beaucoup de gens aiment danser dessus, néanmoins peu de personnes savent que cette chanson a remporté l'Eurovision en 2012 à Bakou, en Azerbaïdjan.

La recette est simple : on prend une jeune artiste suédoise de 29 ans arrivée en 4e position de « Idol » (version suédoise de « Nouvelle Star »), on engage Thomas G:son, le faiseur de tubes pour la Suède (plus de 177 chansons écrites pour les sélections nationales), et en voilà une de plus au répertoire. « Euphoria », chanson euro électro dance, est née.

Pour le spectacle, on barde la scène d'éclairs lumineux, de stroboscopes, de fausse neige et de *wind machines* tout en restant dans une mise en scène minimaliste. Une réalisation impactante en clair-obscur avec pour seule touche de folie de faire chanter des notes à Loreen toutes plus hautes et plus puissantes les unes que les autres, en la faisant danser comme possédée par la puissance de sa chanson, et c'est le cocktail gagnant.

Victoire de la Suède avec 372 points et un nombre record de 18 pays qui délivrent la note maximale de 12 points ! Un score qui propulse la voix de la jeune artiste dans les oreilles de toute l'Europe. « Euphoria » se classe 1er des ventes iTunes en Allemagne, en Belgique, en Grèce, aux Pays-Bas, en Autriche, à Malte, en Irlande, à Chypre, en Estonie, en Suisse, et en 2e position du classement britannique Official Chart Update. Loreen devient incontournable et, pendant près de dix ans, cette chanson résonnera dans tous les clubs d'Europe.

Après une carrière plutôt mitigée en Suède, et une tentative manquée de retour via sa participation au Melodifestivalen

en 2017 avec sa chanson « Statements », Loreen nous revient au top de sa forme en 2023 pour défendre les couleurs de son pays cette fois-ci à Liverpool, avec un tube en phase de devenir tout aussi iconique que le précédent : « Tattoo » (composé par Thomas G:son).

Alors annoncée d'emblée comme victorieuse, la Suède cette année ne lésine pas sur les moyens scéniques et place notre Loreen adorée dans une machine dotée d'écrans vidéo, d'où la chanteuse s'extirpe au milieu d'une tempête de sable digne d'un désert de *Mad Max*. Loreen est là, elle est belle, elle est puissante et elle est prête à conquérir le monde.

Avec une deuxième victoire à l'Eurovision qui fait d'elle la première femme à décrocher ce statut, un NRJ Music Award de la révélation internationale de l'année 2023 et un nouvel album, gageons que la carrière de notre Suédoise favorite est parée pour durer encore longtemps.

CÉLINE DION

Céline Dion | « Ne partez pas sans moi », Suisse, 1988. Une date à retenir 1988. Date à laquelle le compositeur suisse Atilla Şereftuğ tombe en admiration devant la voix d'une jeune artiste québécoise au look quelque peu désuet. Il lui écrit en quinze minutes l'iconique chanson que nous connaissons tous : « Ne partez pas sans moi ».

René Angélil est intelligent, cela fait un moment qu'il négocie en sous-main avec les maisons de disques pour lancer sa petite protégée. Une victoire à l'Eurovision constituerait une fenêtre médiatique colossale pour la jeune artiste. Céline atterrit donc à Dublin avec, dans ses bagages, sa plus belle robe choisie par ses soins.

Ce soir du 30 avril 1988, Céline nous embarque et nous rappelle que l'Eurovision n'est pas un concours de top models, mais bien un concours de chansons. Certes, on est sur de la bonne pop des années 1980, synthés grandiloquents, rythmique disco datée et paroles niaises, mais ça fonctionne.

René est confiant, Atilla tremble… Les points des jurys se suivent… Les pays francophones boudent Céline… C'est finalement la Yougoslavie qui, en donnant 6 points à la Suisse et rien au Royaume-Uni, propulse la jeune Québécoise à la 1re place et fait remporter le Concours à la Suisse.

C'est le point de départ de la carrière internationale de la « Grande Céline » qu'on lui connaît aujourd'hui. Ce soir de la victoire, René négociera avec toutes les maisons de disques d'une main de fer afin de promouvoir son artiste, jusqu'à son premier hit international en 1990, « Where Does My Heart Beat Now ».

Et pour toutes les victimes du romantisme, on raconte que c'est lors de cette grande soirée de fête que Céline et René ont vécu leur première nuit d'amour.

Céline Dion gagnante représentant la Suisse en 1988, accompagnée de son compositeur Atilla Şereftuğ à Dublin, Irlande

VIII. L'EUROVISION LGBTQIA+

« Et si vous, chez vous, pouvez chanter à tue-tête toutes ces chansons, alors vous savez que vous êtes un vrai homosex… heu… fan de l'Eurovision. »
Petra Mede, animatrice, Eurovision 2024

Cette blague, qui aura fait rire aux éclats la Malmö Arena au cours de la deuxième demi-finale en 2024, témoigne sans équivoque que le Concours Eurovision de la chanson est aujourd'hui dans le paysage audiovisuel un programme de divertissement où la communauté LGBTQIA+ rayonne. Dans l'organisation de l'événement, les drapeaux des différentes représentations communautaires sont d'ailleurs les seuls autorisés à être brandis en plus de ceux des pays participants. Cette aura a été récemment renforcée par la victoire de Nemo, premier•ère artiste non binaire à remporter l'Eurovision, en 2024, avec sa chanson « The Code », tout aussi engagée. L'Eurovision est devenu l'emblème de la culture LGBTQIA+ en quelques années.

Les artistes ont toutes et tous quelque chose à raconter : leurs blessures, leurs joies, leurs failles et, bien sûr, leurs différences. Les communautés historiquement marginalisées, comme les LGBT, ont trouvé par le prisme artistique, et particulièrement à l'Eurovision, un moyen puissant de revendiquer leur identité. La scène devient ainsi un espace d'expression où les artistes peuvent transformer leurs vulnérabilités en forces.

Affirmer sa différence devient une richesse et offre une diversité sans précédent par le prisme de l'art, notamment celui de la musique. Le public s'identifie à ces représentations, et l'Eurovision n'y coupe pas ; les membres des fan-clubs OGAE (Organisation Générale des Amateurs de l'Eurovision) en ont d'ailleurs été les principaux vecteurs à travers les années. Ainsi, le public présent dans les salles et les célébrations autour du Concours se rassemble et fête dans cette liesse populaire annuelle le plaisir d'être ensemble dans la différence.

La présence accrue de la communauté LGBTQIA+ dans le domaine de la pop est le résultat d'un mélange de recherche d'expression de soi et des dynamiques modernes des médias sociaux, qui permettent à des voix autrefois marginalisées de trouver leur public et de prospérer, et l'Eurovision, par son ampleur et son impact, reste un symbole puissant de cette dynamique d'inclusion et de représentation.

Le Concours prône très vite dans son histoire l'acceptation de toutes et de tous.

Ambiance dans la salle de l'Eurovision 2015 à Vienne, Autriche

Le Concours prône très vite dans son histoire l'acceptation de toutes et de tous, à commencer par la représentation de la différence ethnique, avec Milly Scott, la première artiste noire à avoir chanté sur la scène, en 1966, avec la chanson « Fernando en Filippo » pour les Pays-Bas. Ce n'est qu'à la fin des années 1990 que le Concours adopte rapidement une force *gay-friendly,* aujourd'hui prépondérante.

Les personnes LGBTQIA+ ont été très longtemps cachées, et leurs droits menacés. Rien qu'en France, la justice ne dépénalisera l'homosexualité qu'en 1982. Leurs droits sont

Dany Dauberson, seconde représentante de la France en 1956 lors du premier concours de l'Eurovision. Ici en 1953 à Paris.

Si le Concours n'est pas pensé spécifiquement pour le public LGBTQIA+, il véhicule des valeurs dans lesquelles nombre d'entre eux se retrouvent.

encore et toujours menacés dans certains pays: en 2013, la Russie utilise, par exemple, l'expression «propagande homosexuelle» en instaurant des lois d'interdiction, d'abord aux mineurs, puis en 2022 durcit sa législation en interdisant cette fois la «propagande des relations sexuelles non traditionnelles», emprisonnant ainsi de nombreuses personnes (les Russes sont par ailleurs depuis 2022 exclus de l'UER et par conséquent du Concours).

Si le Concours n'est pas pensé spécifiquement pour le public LGBTQIA+, il véhicule des valeurs dans lesquelles nombre d'entre eux se retrouvent. Sébastien, fan de l'Eurovision, nous a témoigné: «L'Eurovision, c'est du fun, de la musique qui se danse, des divas, du partage et des dramas. Nous aimons danser, les hurleuses et les dramas!» C'est comme ça: assumé.

Une des artistes les plus visibles et revendiquées est la fameuse drag-queen Conchita Wurst, qui triomphe avec la chanson «Rise Like a Phoenix» en 2014. Elle lançait à l'époque: «Vous savez qui vous êtes, nous sommes l'unité et nous sommes inarrêtables.» Mais tout cela reste encore très fragile... En 2019, par exemple, la Hongrie décide même de se retirer de la compétition, Viktor Orbán, le Premier ministre hongrois, jugeant le Concours «trop gay», rapporte le journal *The Guardian*.

En remontant dans le temps, on remarque que certaines chansons présentées au début du Concours abordent l'homosexualité, mais sans le dire explicitement. On sait, mais on ne doit pas dire qu'on sait. L'Eurovision illustre parfaitement cela: dès la première édition, certains artistes transmettent des messages plus ou moins cachés. Par exemple, la chanteuse lesbienne Dany Dauberson représente la France en 1956 avec sa chanson «Il est là». Elle explicite clairement qu'elle a tout tenté, mais qu'«aucun homme ne lui a donné une telle part d'éternité». Dès lors, on comprend qu'elle évoque une relation différente. Par ailleurs, sa relation avec l'actrice Carmen Torres, jugée scandaleuse, la pousse même à quitter Lyon pour s'installer à Paris, où elle se produit dans le cabaret de Suzy Solidor, une figure des revendications lesbiennes.

Jean-Claude Pascal gagnant représentant la France en 1961 et sa fiancée Jacqueline Richelieu à Paris.

« Le glamour et le spectacle sont des domaines où les gays s'investissent pour échapper aux normes de la masculinité. »

Dans les années 1960, une génération de jeunes hommes gay plus ou moins assumés regardait l'émission en famille, raconte Brian Singleton, professeur d'art dramatique au Trinity College de Dublin, qui a publié un article sur la sociologie des fans de l'Eurovision dans la revue *SQS Journal* en 2007. Alors que la société impose aux hommes de ne pas exprimer leur sensibilité, l'Eurovision leur offre un espace hautement émotionnel, explique-t-il : « L'Eurovision regorge d'émotions : toutes ces chansons sur l'amour, ses débuts et ses fins. En outre, comme c'est en direct, les imprévus ajoutent encore plus d'émotion, et le fait qu'il n'y ait qu'un seul gagnant accentue cette intensité ! »

Pochette du disque *Nous les amoureux*

Selon l'universitaire, cette théâtralité exacerbée fait partie intégrante du phénomène. « Le glamour et le spectacle sont des domaines où les gays s'investissent pour échapper aux normes de la masculinité », ajoute-t-il.

En 1961, le Luxembourg fait appel au parolier Maurice Vidalin et au comédien-chanteur Jean-Claude Pascal pour représenter le Grand-Duché. Jean-Claude Pascal, un bel homme tiré à quatre épingles dans son costume trois-pièces, chante une ballade qui raconte l'histoire d'un amour contrarié… Un classique. Mais, en se penchant sur les paroles, plusieurs niveaux de lecture sont possibles : « Nous, les amoureux, on voudrait nous séparer, on voudrait nous empêcher d'être heureux. Nous, les amoureux, il paraît que c'est l'enfer qui nous guette ou bien le fer et le feu. » Jean-Claude Pascal chante l'amour empêché entre deux hommes, pouvant même se terminer par une sanction divine. La suite de la chanson n'en est pas moins éloquente : « C'est vrai, les imbéciles et les méchants nous font du mal, nous jouent des tours, pourtant rien n'est plus évident que l'amour. » Les paroles condamnent les clichés, les « on-dit » et plus largement toute la société.

Paul Oscar pour l'Islande en 1997 à Dublin, Irlande

Certaines paroles font plus que jamais sens : « Mais l'heure va sonner des nuits moins difficiles, et je pourrai t'aimer sans qu'on en parle en ville. C'est promis, c'est écrit. » Tout le monde n'y a vu que du feu. Ce n'est que bien plus tard qu'on réalise le double sens de cette chanson, confirmé par le comédien-chanteur, lui-même homosexuel. Il aura fallu attendre quarante ans, en 1997 précisément, pour voir la première candidature de Paul Oscar, ouvertement homosexuel. La mise en scène de sa chanson « Minn hinsti dans » nous montre l'artiste islandais assis dans un canapé duquel émane une certaine sensualité, entouré de danseuses en résilles. Et, bien que Paul Oscar ne termine que 20e sur 25, sa participation aura le mérite de « sortir du placard » le Concours Eurovision.

L'année suivante, en 1998, la participation de Dana International marque un tournant. Elle gagne son ticket pour représenter Israël. La sélection d'une première femme transgenre suscite un raz-de-marée de réactions controversées. Elle devient dès lors une pionnière pour l'Eurovision. Même si sa carrière bat son plein en Israël, les avis divergent : certains mettent en avant la volonté du pays de montrer son ouverture quant aux minorités et de prôner une certaine tolérance, tandis que des critiques plus

Dana International gagnante représentant Israël en 1998 à Birmingham, Royaume-Uni

De retour en Israël, c'est la folie furieuse : le Concours a un tel impact que Dana est reçue partout, aux ministères de la Culture et de l'Éducation. Elle reçoit même les clés de la ville. Sa carrière explose, alors que les juifs orthodoxes s'apaisent.

acerbes se font entendre au motif qu'Israël réaliserait avec Dana International une stratégie de « pinkwashing » pour améliorer son image en Europe, comme pays progressiste ; et d'autres, notamment les juifs orthodoxes, pensent que changer de sexe est contre-nature. Shlomo Benizri, membre du parti ultra-orthodoxe séfarade Shas, dira de Dana : « Cette créature hybride, ce mélange d'homme et de femme, n'est pas le type de produit dont nous avons besoin pour incarner le peuple élu. »

Sa chanson « Diva » entre dans des sonorités dance typiques des années 1990. Les paroles sont entièrement en hébreu et célèbrent la femme dans tout ce qu'il y a de plus sacré. Elle fait notamment référence à Aphrodite, la déesse grecque de l'Amour et de la Beauté, et aussi à l'indomptable reine d'Égypte, Cléopâtre.

Côté mise en scène, rien de sensationnel. Dana est entourée de quatre choristes dans une robe à paillettes pas franchement prévue au départ : Jean-Paul Gaultier lui avait en effet créé pour l'occasion une robe piquée de plumes multicolores, lui donnant l'air d'un grand oiseau, un bel ara… Malheureusement, lors des répétitions, le costume gênait Dana International dans ses mouvements et tapait dans le micro.

Mais Dana n'a pas dit son dernier mot : grâce à ses 172 points qui la hissent à la 1re place, elle rechante traditionnellement son titre, cette fois en arborant la sublime création de Jean-Paul Gaultier, dans laquelle elle déploie ses ailes.

De retour en Israël, c'est la folie furieuse : le Concours a un tel impact que Dana est reçue partout, aux ministères de la Culture et de l'Éducation. Elle reçoit même les clés de la ville. Sa carrière explose, alors que les juifs orthodoxes s'apaisent. Cette victoire est un coup de pied dans la fourmilière des discriminations et marque un tournant pour la communauté LGBTQIA+ européenne.

Ce n'est pas par hasard si les représentations des personnes LGBT ont commencé à être abordées à l'Eurovision à la fin des années 1990. En effet, c'est à cette période que les institutions politiques et législatives européennes ont commencé à légitimer l'égalité des droits pour cette communauté. Pendant ces années, de nombreux pays européens ont ainsi levé petit à petit les restrictions légales contre les homosexuels dans le domaine professionnel et militaire, et certains ont même légalisé l'union civile ou le mariage entre personnes de même sexe.

En 2002, c'est (enfin) l'arrivée du drag à l'Eurovision. Le trio slovène Sestre (« Sœurs » en français), composé de Miss Marlena, Daphne et Emperatrizz (de leurs vrais noms Tomaž Mihelič, Srečko Blas et Damjan Levec), chante « Samo ljubezen » et fait sensation dès le concours de sélection. Les réactions sont vives, les activistes anti-gay descendent dans les rues de la capitale Ljubljana. Ils vont jusqu'à saisir le Parlement slovène, puis le Parlement européen, prétextant que la Slovénie ne devrait pas faire partie de l'Union européenne à cause de cette propagande homosexuelle affichée à la face du monde.

Ce soir de 2002 à Tallinn, en Estonie, où a lieu le Concours, les trois « sœurs » se présentent sur scène dans leur costume d'hôtesses de l'air: uniformes rouges à paillettes, chemises, gants et collants blancs, talons hauts, chapeaux, rouge à lèvres... tous les codes du drag sont réunis. Les choristes, deux hommes et une femme, incarnent des pilotes de ligne et poussent le numéro encore plus loin dans l'humour (les choristes rattrapent également les quelques fausses notes des hôtesses de l'air). La chanson ne porte pas spécialement de message politique, elle raconte une histoire d'amour dans laquelle la protagoniste demande à l'être aimé de la choisir.

Et, en effet, la chanson ne les positionnera qu'à la 13e place mais aura le mérite d'avoir fait quelque peu évoluer les mentalités en Slovénie, même si, dans les pays de l'Est, la communauté LGBTQIA+ est encore à ce jour très discriminée.

Le trio drag Sestre à l'Eurovision 2002
pour la Slovénie à Tallinn, Estonie

La timidité de Marija Šerifović, son angoisse et le gros cœur en faux rubis épinglé sur sa veste racontent la même histoire de l'amour que personne ne veut entendre.

En 2007, la Serbe Marija Šerifović remporte le Concours en mettant en avant la force lesbienne. Bien qu'elle ne se revendique pas homosexuelle à l'époque (elle fera son coming out quelques années plus tard), elle interprète « Molitva » (« Prière », en serbe) avec une allure très masculine, contrastant avec ses choristes en talons aiguilles et maquillées à outrance, se tenant par la main. Sa timidité, son angoisse et le gros cœur en faux rubis épinglé sur sa veste racontent la même histoire de l'amour que personne ne veut entendre. Le chœur de femmes très décoratif l'ignore d'abord, puis la réconforte et, ensuite, chantant avec elle, la reconnaît comme une amoureuse. La moitié d'un cœur dessinée sur la main de l'une s'est jointe à

Marija Šerifović chante avec passion « Molitva » et gagne pour la Serbie en 2007 à Helsinki, Finlande.

l'autre dessinée sur la main de Šerifović, pour devenir un cœur entier, encore saignant, mais existant. C'était simple.

Bien qu'elle s'assume totalement en tant que lesbienne aujourd'hui, ce n'est pas uniquement ce qui constitue la personne de Marija Šerifović. Si jamais une voix méritait d'être entendue sur l'Eurovision, c'est bien celle de la culture rom (cette communauté venant principalement en Europe de l'Est), contrainte de vivre partout en Europe comme si elle n'était nulle part vraiment chez elle. Cette voix, c'est Marija qui la porte, remportant cette année-là le Concours avec 268 points.

Toujours en 2007, une polémique fait rage en Ukraine, lorsque le comédien-chanteur Andriï Mykhaïlovytch Danylko est choisi pour représenter le pays, sous l'apparence de son personnage drag, Verka Serduchka. De nouveau, les critiques pleuvent. Certains membres du Parlement ukrainien qualifient Verka de « grotesque et vulgaire ». Taras Chornovil, député ukrainien du Parti des régions, dira : « Je suppose que certains de nos bien-aimés experts vénèrent ces hommes finlandais habillés en monstres (le groupe Lordi, gagnant de l'année précédente, NDLR), mais ne comprennent pas la différence entre culture et pseudoculture. Ces monstres font partie de leur culture, qui a le droit d'exister. Mais ces hermaphrodites n'ont jamais été acceptés nulle part. Je pense qu'ils sont sérieusement gênants et le monde va nous voir comme de parfaits idiots. »

Le ton est donné. Verka reçoit pourtant toute la confiance et le soutien de la télé nationale d'Ukraine et s'envole pour la Finlande, où le Concours se déroule à Helsinki. Outre son costume extravagant, une sorte d'imperméable boule à facettes et son chapeau étoile qui marqueront les esprits pour toujours, Verka arbore dans le dos le numéro 69. « C'est une position sexuelle », précise l'artiste... Si ce n'était pas assez clair.

La chanson fait elle aussi polémique pour son sous-texte politique, puisque le titre « [Dancing] Lasha Tumbai » est phonétiquement proche de « *Russia goodbye* », faisant référence aux épisodes de la « révolution orange » (de nombreuses manifestations ont eu lieu en Ukraine suite aux résultats truqués de l'élection de 2004, mettant en avant le parti soutenu par les Russes). Les tensions entre l'Ukraine et la Russie, déjà présentes, s'immiscent même au sein du Concours.

La chanson termine à la 2e place et restera dans tous les esprits. Elle devient une chanson de référence en matière de géopolitique, de défense des droits LGBTQIA+, mais bien évidemment se place 1re dans la catégorie « *What the fuck ?* ».

2014 année incontournable pour la représentation LGBTQIA+ à l'Eurovison. Conchita Wurst représente l'Autriche. La « femme à barbe », familièrement qualifiée, atteindra la 1re place avec la chanson « Rise Like a Phoenix ».

L'annonce de la sélection ne plaît déjà pas en Autriche. Cependant, l'opinion publique en Europe, et la presse sont derrière elle. Le journal britannique *New Statesman* qualifie la participation de Conchita Wurst comme étant la plus « non binaire du Concours Eurovision ». Pour un pays plutôt conservateur comme l'Autriche, c'est une véritable prise de risque.

La chanson « Rise Like a Phoenix » est révélée au public le 18 mars 2014 et devient très vite un tube mondial, avec un nombre d'écoutes et de téléchargements record. Cette ballade pop composée par Ali Zuckowski pourrait être la bande originale d'un épisode de *James Bond,* à grand renfort de violons et de trompettes. La voix de Conchita, tantôt douce, tantôt puissante, s'imbrique parfaitement dans une mélodie taillée sur mesure.

Conchita, statique derrière son micro, en robe brillante sans chichis, nous délivre un message fort, parfaitement engagé dans la lutte des personnes LGBTQIA+ : renaître tel un phœnix face à l'intolérance et à l'injustice. Les paroles militantes font, d'une part, écho aux discriminations que l'artiste a subies depuis l'annonce de sa participation, et touchent des millions de téléspectateurs. La victoire de Conchita, avec 290 points, est acclamée dans (presque) toute l'Europe, y compris en Russie, où elle remporte 5 points au télévote, grâce au message de la chanson, à son interprétation, à sa voix, ou tout simplement grâce à elle. Elle devient un symbole puissant pour la communauté LGBTQIA+. Celles et ceux qui l'adulent se réjouissent, ceux qui la détestent la félicitent quand même, prétextant que c'est la chanson qui est gagnante et non l'artiste…

Conchita Wurst gagnante représentant l'Autriche en 2014 à Copenhague, Danemark

Bilal Hassani, «Roi», pour la France
en 2019 à Tel Aviv, Israël

« Bilal, c'est LA personne LGBTQIA+ qui fait bouger la France. »

Cinq ans plus tard, c'est au tour de la France d'envoyer un message de soutien à la cause LGBTQIA+ en choisissant Bilal Hassani pour participer au Concours. Le journal *Le Monde* en fait sa une : « Bilal, c'est LA personne LGBTQIA+ qui fait bouger la France. » Alors réputé principalement en tant que youtubeur et grâce à son gimmick « Bonsoooooir Pariiiis », Bilal étonne le public en remportant le concours de sélection « Destination Eurovision » maquillé et perruqué. Sa chanson « Roi » est une « chanson qui parle d'acceptation de soi », précise-t-il, composée par le duo Madame Monsieur, qui a lui-même précédemment participé au Concours, une *power ballad* à l'orchestration émouvante et puissante qui écrase presque son timbre éraillé. « On a tout de suite vu que ça allait être une chanson où j'allais pouvoir m'exprimer et dire qui j'étais à 100 % », raconte-t-il au *HuffPost*.

C'était un pari osé pour la France que de mettre sur le devant de la scène un représentant ouvertement issu de la communauté *queer*. En plus de cela, Bilal Hassani est d'origine marocaine. L'annonce de sa participation fait évidemment l'objet de nombreuses critiques homophobes, mais aussi racistes. Bilal ne se démonte pas.

Ce 18 mai 2019 à Tel-Aviv, il se produit dans une mise en scène très novatrice grâce à la technique du morphing utilisée sur le visage du chanteur pendant les premières mesures de la chanson. Une danseuse classique en surpoids star des réseaux sociaux et une danseuse sourde et muette l'accompagnent tout au long de sa prestation, qui se termine par un beau message sur les écrans derrière eux : « *We are all kings/queens.* »*

Bilal Hassani termine à une décevante 16e place. Malgré des paroles bilingues en français et en anglais, le message n'a pas suscité l'adhésion. L'exposition dont il a bénéficié via le Concours ancre son personnage et lui apporte une notoriété nationale. Il reste toutefois encore aujourd'hui sous le coup des menaces de nombreux « *haters* ».

* Nous sommes toutes des Rois et des Reines.

Nemo aura défendu la cause LGBTQIA+ tout au long de sa participation. Lors de la Flag Parade, iel ose défiler fièrement avec le drapeau de la communauté non binaire.

Incroyable Nemo, gagnant.e pour la Suisse en 2024 à Malmö, Suède

L'année 2024 marque encore une nouvelle ère. C'est la première participation de deux candidat•e•s non binaires à l'Eurovision : Bambie Thug (Irlande) et Nemo (Suisse). Nemo, 24 ans, est le•a premier•ère artiste non binaire à remporter l'Eurovision. On assiste sans surprise à un déferlement de haine sur les réseaux avant, pendant et après sa participation : « Le wokisme s'infiltre partout », « Quelle décadence », « Une honte », « L'Eurovision est une tartufferie ».

Certains dirigeants politiques, comme le président turc Erdoğan, ont fermement critiqué Nemo et le Concours dans son ensemble en déclarant notamment qu'à l'Eurovision : « Il est devenu impossible de trouver des personnes normales lors de ces événements. [...] Nous comprenons mieux pourquoi nous avons pris la bonne décision en gardant la Turquie à l'écart de cette compétition honteuse au cours des douze dernières années. » La Turquie a quitté l'Eurovision après l'édition 2012 : tant que Recep Tayyip Erdoğan sera au pouvoir, nous ne reverrons pas le pays de sitôt au Concours.

Nemo aura défendu la cause LGBTQIA+ tout au long de sa participation. Lors de la Flag Parade, iel ose défiler fièrement avec le drapeau de la communauté non binaire, l'UER interdisant pourtant les drapeaux autres que ceux aux couleurs des pays ou le classique arc-en-ciel LGBT. D'autre part, sa chanson « The Code » est audacieuse, mêlant des styles musicaux différents : pop, opéra, rap... Iel nous fait revenir à l'essence même du Concours : la chanson. « The Code » porte un message engagé : Nemo nous raconte sa propre histoire, son combat pour s'extraire des carcans binaires que la société lui impose. Le costume est à son image, non binaire : iel porte une jupe couleur pêche et une veste en frou-frou multicolore, conçues par Linnéa Samia Khalil, créatrice de mode suédoise. À l'aide d'une scénographie ingénieuse, une sorte de toupie met en déséquilibre l'artiste, symbolisant la bascule du genre. Sur le dernier refrain, un rythme effréné fait tourbillonner Nemo sur sa plateforme, droit•e dans ses baskets (compensées !).

Sa prestation place Nemo en 1re position du jury avec 365 points et iel remporte 226 points du public. La Suisse n'avait pas gagné depuis 1988, avec l'iconique « Ne partez pas sans moi » de Céline Dion. Nemo « *broke the code* », iel a « cassé les codes »... mais pas que, puisque, sous le coup

de l'émotion, lors de la remise du trophée, iel le casse en deux et, par la même occasion, son pouce ! Nemo restera un symbole pour avoir envoyé un message de tolérance, de combat et d'ouverture d'autant plus important cette année-là, marquée particulièrement par le conflit israélo-palestinien et la participation houleuse d'Israël.

Iel déclare après sa victoire : « J'ai brisé les codes, j'ai cassé le trophée. Peut-être que le trophée peut être réparé, tout comme l'Eurovision, qui aurait sans doute besoin de quelques réparations. »

L'Eurovision, par sa nature inclusive et sa portée internationale, continue de jouer un rôle crucial dans la lutte contre les discriminations et la promotion de la diversité. C'est pourquoi, aujourd'hui, la scène de l'Eurovision demeure un reflet vibrant et progressif des avancées sociales, célébrant la pluralité des identités et offrant une plateforme où chacun peut être fier de qui il, elle ou iel est.

DES MESSAGES MARQUANTS

Au-delà des chansons, l'Eurovision est également l'occasion de délivrer des messages forts pendant les prestations, grâce à des mises en scène audacieuses et politiques.

En 2013, Krista Siegfrids pour la Finlande, qui interprète sa chanson « Marry Me » en robe de mariée tout en embrassant furtivement sa choriste sur la note finale.

En 2015, Monika Linkytė et Vaidas Baumila chantent « This Time » pour la Lituanie. Les choristes, également danseurs, s'embrassent en fond de scène : l'homme embrasse l'homme, et la femme... embrasse la femme !

L'Irlande, en 2018, envoie Ryan O'Shaughnessy et la chanson « Together », dans laquelle il met en scène l'amour homosexuel, représenté par deux hommes qui dansent ensemble.

Le chanteur Achille Lauro, représentant de Saint-Marin, embrasse son guitariste durant sa chanson « Stripper », en 2022.

Durant la Flag Parade en 2023, le chanteur italien Marco Mengoni arrive sur scène avec, dans la main gauche, le drapeau italien et dans la main droite le « *Pride Progress flag* », une version revisitée du *Rainbow flag* où on retrouve, en plus des couleurs de l'arc-en-ciel, celles des communautés trans (bleu, blanc, rose) et des personnes racisées (noir et marron).

Le chanteur poste fièrement cette photo de lui brandissant les deux drapeaux avec cette phase : « *Due vite, two flags* » (« Deux vies, deux drapeaux »).

Monika Linkytė et Vaidas Baumila représentant la Lituanie en 2015 à Vienne, Autriche

Krista Siegfrids représentant la Finlande en 2013 à Malmö, Suède

Achille Lauro représentant Saint-Marin en 2022 à Turin, Italie

Marco Mengoni, représentant l'Italie en 2023 durant la cérémonie des drapeaux avant la grande finale à Liverpool, Royaume-Uni

IX. LES TUBES

Il est souvent de bon ton de rappeler que l'Eurovision est avant tout un concours de chansons. Qui dit chanson dit qu'il faut donc savoir… chanter ! Et même si, à ces mots, cela vous paraît un peu trivial, convenons que, pour une chanson gagnante, il y a par conséquent chaque année des dizaines de chansons perdantes, ce qui laisse peu de place au succès, et pourtant ! Depuis 1956, ce sont 1 758 chansons que l'Eurovision a révélées au monde entier ! Bien que les plus fervents détracteurs s'évertuent tous les ans à blâmer la qualité du Concours, les statistiques tendent à prouver que leur argumentaire ne tient pas ! En effet, beaucoup seraient surpris d'apprendre que la chanson qu'ils ou elles entonnent sous leur douche de bon matin provient du Concours Eurovision de la chanson. L'industrie musicale doit à cette compétition européenne de nombreux tubes nationaux et internationaux qui ont, ou pas, remporté le trophée. De « Waterloo » d'ABBA à « Snap » de Rosa Linn en passant par « Tattoo » de Loreen, petit tour des plus grands succès de l'Eurovision qui ont dépassé les frontières du Concours.

Eleni Foureira, en feu pour Chypre en 2018, est révenue en *guest* à la demi-finale en 2024 à Malmö, Suède.

Domenico Modugno représentant l'Italie en 1958 devant le Carnegie Hall à New-York pour son propre concert

NEL BLU, DIPINTO DI BLU / VOLARE

Domenico Modugno, Italie, 1958

Devenir un tube international sans avoir gagné l'Eurovision, c'est le tour de force réalisé par Domenico Modugno, en 1958, en terminant à la 3e place du Concours. Aussi connue sous son titre originel, « Nel blu, dipinto di blu » (« Dans le bleu peint en bleu ») — comprenne qui pourra ! —, cette chanson connaît dès sa sortie un succès commercial mondial : numéro 1 des charts en Italie et aux États-Unis, où elle remporte deux Grammy Awards en 1959. Le titre est également numéro 2 des classements en Norvège… mais aussi en France (fait un peu plus rare et surprenant pour une chanson de l'Eurovision) ! Ce tube a fait des émules, puisque des centaines de reprises lui ont fait traverser les âges, comme celles de Frank Sinatra, des Gipsy Kings, de Luis Mariano ou encore de Dalida, qui souvent dans l'inconscient collectif supplante même l'original. En 2022, Laura Pausini l'a chantée en hommage sur la scène de l'Eurovision, à Turin, entraînant avec elle les milliers de spectateurs qui l'ont entonnée en chœur.

L'OISEAU ET L'ENFANT

Marie Myriam, France, 1977

Dernière gagnante en date de l'Eurovision pour la France, le 7 mai 1977, Marie Myriam entonne cette belle ballade en débutant sa performance a cappella. « L'Oiseau et l'Enfant » est composée par Joe Gracy et Jean-Paul Cara. Ces deux derniers ont également composé « Humanahum », la chanson représentant la France en 1981, interprétée par Jean Gabilou, qui se classe, elle, à la 3e place. Jean-Paul Cara n'en est pas à son coup d'essai, puisqu'un an avant Marie Myriam, en 1976, il a également écrit les paroles de « 1, 2, 3 », la chanson de Catherine Ferry, qui représente la France à l'Eurovision et termine à la 2e place. « L'Oiseau et l'Enfant » se classe à la 1re place des charts en France et devient un hymne chanté pendant des décennies dans d'innombrables chorales et écoles, faisant de cette chanson une référence du paysage culturel national. Son succès traverse aussi nos frontières, puisque le titre se classe à la 2e place des meilleures ventes en Suisse, à la 5e place en Suède et à la 6e en Belgique, les semaines qui suivent le Concours. Marie Myriam en enregistrera quatre versions en langue étrangère : en anglais, en allemand, en espagnol et en portugais, ce qui contribuera grandement au succès de la chanson. Cinquante ans plus tard, alors que chacun est capable d'en fredonner le refrain au débotté, le titre connaît une seconde jeunesse en 2017 grâce à la reprise du groupe Kids United. Toujours consacrée comme la dernière victoire de la France à l'Eurovision, nous n'avons pas fini d'entendre chanter Marie Myriam.

« L'Oiseau et l'Enfant » se classe à la 1re place des charts en France et devient un hymne chanté pendant des décennies dans d'innombrables chorales et écoles.

Nicole représentant l'Allemagne de l'Ouest en 1982 à Harrogate, Royaume-Uni

C'est la première chanson en allemand à remporter le Concours, avec 161 points, une prouesse !

EIN BIßCHEN FRIEDEN

Nicole, Allemagne, 1982

Composée par Ralph Siegel, le « faiseur de tubes » germanophone par excellence, qui a écrit pas moins de 24 chansons pour le Concours et des milliers d'autres en dehors de l'Eurovision, « Ein bißchen Frieden » (« Un peu de paix ») est interprétée devant l'Europe en 1982 par Nicole, une jeune artiste de 18 ans. C'est la première chanson en allemand à remporter le Concours, avec 161 points, une prouesse ! Cette ballade pacifiste, accompagnée par la voix fluette de Nicole, caracole en tête des charts dans pas moins de 10 pays européens, dont la France, la Suède et le Royaume-Uni. Pour promouvoir son tube et sa carrière, l'artiste a enregistré sa chanson en allemand, bien entendu, mais aussi en néerlandais, en français, en italien, en danois et en russe... En phonétique, peut-être, mais efficace !

NE PARTEZ PAS SANS MOI

Céline Dion, Suisse, 1988

La plus canadienne des chanteuses suisses, dont elle ne possède même pas la nationalité, Céline Dion, du haut de ses 20 ans, remporte l'Eurovision 1988 avec le titre « Ne partez pas sans moi ». Suite à cette victoire, elle embrasse René Angélil pour la première fois en coulisses, donnant naissance officiellement à leur idylle. Cette chanson connaît un modeste succès commercial, principalement dans le marché européen. Pourtant, ce titre marque le véritable commencement de sa carrière francophone, et surtout internationale. La réputation de faiseur de stars de l'Eurovision s'est rarement aussi bien vérifiée qu'avec cette artiste. « Ne partez pas sans moi » est entrée dans le patrimoine musical français avec un inattendu revival en 2022, en devenant l'hymne officiel de la promo de la « Star Academy ». Depuis, le tube a sa place dans le Top 100 des chansons les plus demandées dans les karaokés de France. Espérons que la chanson ne soit pas trop massacrée par nous autres.

La déconnexion entre les tubes de l'Eurovision et les charts français est palpable : « Hold Me Now » ne sera jamais un succès commercial en France.

Johnny Logan représentant l'Irlande en 1989 à Lausanne, Suisse

HOLD ME NOW

Johnny Logan, Irlande, 1989

« Mister Eurovision » : voilà un titre que Johnny Logan n'a pas volé. Il remporte pour la seconde fois l'Eurovision, en 1989, avec son tube « Hold Me Now » (« Serre-moi maintenant »), après sa précédente victoire, en 1980, avec sa chanson « What's Another Year » (« Qu'est-ce qu'une autre année »). L'Irlande est d'ailleurs, à ce jour, le pays le plus victorieux au Concours avec pas moins de 7 victoires, dont 3 d'affilée entre 1992 et 1994. Johnny n'est pas étranger à l'une de ces victoires, puisqu'en 1992 il est l'auteur-compositeur de la chanson gagnante « Why Me? » (« Pourquoi moi ? »), interprétée par Linda Martin. En 1989, la *power ballad* « Hold Me Now » déferle dans les charts, atteignant la 1re place en Irlande et en Belgique, la 2e place en Grèce, au Royaume-Uni, en Allemagne de l'Ouest, en Suède et en Norvège, mais également une belle 4e place en Australie ! En revanche, la déconnexion entre les tubes de l'Eurovision et les charts français est palpable : « Hold Me Now » ne sera jamais un succès commercial en France.

Dana International gagnante représentant Israël en 1998 à Birmingham, Royaume-Uni.

OOH AAH... JUST A LITTLE BIT

Gina G, Royaume-Uni, 1996

En 1996, le Concours est remporté par l'Irlande, représentée par Eimear Quinn et sa chanson « The Voice ». Elle atteint péniblement la 3e place des charts dans son propre pays, une difficile 9e place en Belgique... et c'est à peu près tout ! Or, cette année-là, une chanteuse australienne, Gina G, représente le Royaume-Uni avec sa chanson « Ooh Aah... Just a Little Bit » et termine à une honorable 8e place. Mais c'est sans compter sur le carton commercial européen et planétaire de ce tube très marqué années 1990 aux sonorités europop-framboisier, avec des synthétiseurs à gogo et un refrain entêtant. Le titre se classe 1er des charts au Royaume-Uni et en Israël, 2e au Canada, 5e en Australie, en Norvège, au Danemark et même aux États-Unis ! Alors que le monde entier s'enjaille sur cette chanson eurodance, la France est passée complètement à côté de ce tube qui reste encore inconnu du grand public... *Oops, we did it again !* Les fans, eux, reprendront sans hésiter ce refrain à tue-tête : « Ooh aah... »

DIVA

Dana International, Israël, 1998

Et 1, et 2, et 3e victoire pour Israël, qui remporte le Concours en 1998 grâce à Dana International et sa chanson « Diva ». C'est avec 172 points que le pays remonte sur la première marche du podium, mais surtout avec une fierté rarement égalée, puisque sa victoire est considérée comme le plus fort étendard de la généralisation de l'identité trans à travers le monde pour l'époque. Nous sommes dans les années 1990 : bien sûr, les sonorités dance écrasent le marché de la *pop music* et ce titre n'y fait pas exception. Comme le voulait le règlement cette année-là, la chanson est entièrement chantée dans la langue nationale du pays : en hébreu. Dana International chante et célèbre la femme dans tout ce qu'elle a de plus sacré et l'illustre à travers des figures emblématiques comme Aphrodite ou Cléopâtre. *Viva la diva !*

Après cette victoire historique qui ouvre le Concours à la tolérance et à la fierté d'être, la chanson se classe dans le Top 10 des charts de nombreux pays européens, continuant ainsi à faire rayonner sa victoire et son message. Deuxième en Belgique, 3e en Suède, 7e en Finlande, 10e en Irlande, 11e aux Pays-Bas et au Royaume-Uni... elle n'arrivera cependant qu'en 59e position du classement des ventes de singles en France pendant une semaine.

Alexander Rybak gagnant en 2009 et candidat en 2018 pour la Norvège. Ici à Lisbonne au Portugal pour sa seconde participation au Concours de l'Eurovision.

Il se distingue par son violon qui semble ne jamais le quitter. La ritournelle des cordes frottées qui l'accompagne lui a assurément permis d'ancrer la chanson comme aucune autre dans les esprits.

JE N'AI QUE MON ÂME

Natasha St-Pier, France, 2001

Quand les années 2000 font la part belle aux chanteuses à voix, c'est à l'Eurovision que, pour la France, nous découvrons pour la première fois Natasha St-Pier. Avec « Je n'ai que mon âme », elle s'impose dans le paysage musical français et déferle sur les ondes radio pendant l'été qui suit. Ce morceau a été spécialement écrit par le frère de Jean-Jacques Goldman, Robert Goldman, à qui l'on doit notamment les tubes « Aller plus haut » pour Tina Arena ou encore « Parle-moi » pour Isabelle Boulay.

« Je n'ai que mon âme » est une ballade pop calibrée pour une voix puissante qui s'offre crescendo. Natasha ajoute un petit twist le soir de la finale pour séduire le public européen en entonnant le dernier refrain en anglais, une première en France. Après une 4e place sur 23 au Concours, le single se classe 2e des ventes en France pendant deux semaines et réussit à décrocher le disque d'or pour plus de 330 000 exemplaires vendus !

FAIRYTALE

Alexander Rybak, Norvège, 2009

Alexander Rybak est un artiste complet, puisqu'il écrit, compose et interprète la plupart de ses chansons. Avec « Fairytale » (« Conte de fées »), qui lui fait remporter le Concours Eurovision en 2009 pour la Norvège, il se distingue par son violon qui semble ne jamais le quitter. La ritournelle des cordes frottées qui l'accompagne lui a assurément permis d'ancrer la chanson comme aucune autre dans les esprits, elle résonne encore comme l'un des plus gros tubes issus de l'Eurovision.

Alors que tout le monde disait que la chanson faisait référence à son ex-petite amie, Alexander a révélé que la chanson parlait en fait d'une « huldre ». Mot compte triple au Scrabble, une huldre est une créature mythologique du folklore scandinave, qui leurre les jeunes hommes pour ensuite les maudire jusqu'à la fin des temps... « Fairytale » se classe, à l'issue du Concours, 1er des charts au Danemark, en Grèce, en Norvège, en Russie et en Suède. Sans s'arrêter là, le Top 5 lui est également offert en Irlande, aux Pays-Bas, en Suisse, en Belgique et en Allemagne ! Après avoir retenté sa chance et remporté le concours de sélection national norvégien Melodi Grand Prix, Alexander Rybak revient donc sur la scène de l'Eurovision en 2018. Malheureusement, sa chanson « That's How You Write a Song » ne le porte qu'à la 15e place cette année-là.

Loreen lors de sa première victoire pour la Suède en 2012 à Bakou, Azerbaïdjan

EUPHORIA

Loreen, Suède, 2012

Cette chanson est un véritable feu d'artifice musical qui a montré que le Concours pouvait aussi être le terrain de jeux des tubes contemporains calibrés pour la radio. Ce morceau est rapidement devenu l'hymne des fans, souvent repris par d'autres artistes, et est considéré comme un bijou de la pop suédoise que l'on fredonne sous la douche ou au volant de sa voiture.

Le tube « Euphoria » a été écrit en 2011 par Peter Broström et Thomas G:son, à qui l'on doit d'innombrables chansons de l'Eurovision ces dernières décennies. En collaboration avec Loreen, ils y apportent quelques changements de rythme et d'orchestration avant de proposer le titre en 2012 pour le Melodifestivalen, « le festival des chansons ». Lors de ce concours de sélection national suédois, « Euphoria » a reçu un record de votes jamais vu auparavant, remportant alors la mise avec 268 points. La performance dramatique et passionnée de Loreen, influencée par des films comme *Mémoires d'une geisha* de Rob Marshall et *Hero* de Zhang Yimou, a littéralement hypnotisé le public. La chanson parle juste… d'un "état d'esprit spécial", du sentiment d'être profondément amoureux. »

« Euphoria » était un pari risqué pour la Suède. Tube 100 % eurodance, le pays surprend, lui qui adore proposer son *schlager* à l'Eurovision (musique populaire empreinte généralement d'airs et de paroles traditionnels). Mais Loreen, avec sa chorégraphie mystique, épurée, accompagnée d'une production moderne où une pluie de fausse neige vient embarquer un final puissant, a conquis les jurés et les téléspectateurs, remportant 372 points et offrant à la Suède sa 5e victoire à l'Eurovision.

Après le Concours, c'est la déferlante. Le titre a explosé les ventes avec plus de 2 millions d'exemplaires vendus dans le monde, atteignant la 1re place des charts dans 17 pays ! En Suède, la chanson a été certifiée 10 fois disque de platine. Le titre a, par ailleurs, réalisé la prouesse de grimper à la 3e place du Top Singles au très sélect Royaume-Uni. C'est bien simple : « Euphoria », en Europe, on l'entendait de partout, même chez le coiffeur.

La chanson reste aujourd'hui une favorite de l'Eurovision, et la performance de Loreen lors de la finale accumule plus de 47 millions de vues sur YouTube. En outre, on ne compte plus

Loreen lors de sa seconde victoire pour la Suède en 2023 à Liverpool, Royaume-Uni

le nombre de reprises d'« Euphoria » dans divers télécrochets à travers le monde, contribuant encore à pérenniser le succès de ce tube et à remettre le Concours Eurovision dans l'air du temps. Loreen a depuis réfléchi à son impact : « Je suis reconnaissante pour toute cette période de ma vie. C'était important pour moi. » Eh oui, pour nous aussi, Loreen ! Elle reste constamment en tête des classements ESC Radio Top 250 (le classement des 250 meilleures chansons de l'Eurovision établi annuellement par les fans du Concours) depuis sa sortie, faisant de son héritage un moment décisif et inoubliable dans l'histoire de l'Eurovision.

Loreen s'est également distinguée par une identité graphique nouvelle et très pop, notamment avec des ongles signature de plusieurs dizaines de centimètres qui ont enchanté chacune de ses prestations.

TATTOO

Loreen, Suède, 2023

Le succès de la chanson « Tattoo » a propulsé la notoriété de l'Eurovision à des niveaux sans précédent. Loreen, déjà couronnée reine de l'Eurovision après sa victoire en 2012, revient en 2023 avec un nouveau titre puissant. Si « Euphoria » semblait être le sommet de sa carrière, « Tattoo » a prouvé que la chanteuse suédoise avait encore bien des surprises à offrir. Ce morceau lui a permis de remporter une deuxième fois l'Eurovision, en 2023, devenant ainsi la première femme à réaliser cet exploit avec un total impressionnant de 583 points, loin devant ses concurrents.

Après sa victoire, « Tattoo » a dominé les classements musicaux à travers l'Europe, entrant dans le Top 10 de plus de 30 pays. En Suède, la chanson a atteint directement la 1re place et est restée dans le Top 10 pendant plusieurs semaines. Dans le UK Singles Chart, « Tattoo » a grimpé jusqu'à la 2e place, un exploit notable pour une chanson de l'Eurovision. Sur les plateformes de streaming, le titre a connu un succès fulgurant, dépassant les 100 millions de streams sur Spotify en quelques mois seulement, un chiffre toujours en augmentation.

La chanson, mystique et captivante, combine une mélodie accrocheuse à des performances vocales impressionnantes. Loreen s'est également distinguée par une identité graphique nouvelle et très pop, notamment avec des ongles signature de plusieurs dizaines de centimètres qui ont enchanté chacune de ses prestations. Les fans ont montré leur amour sur les réseaux sociaux, faisant de « Tattoo » un sujet tendance pendant des semaines après l'Eurovision. Par ailleurs, il n'a pas fallu beaucoup de temps à Loreen pour reprendre sa 1re place au classement des meilleurs titres de l'Eurovision selon les fans via le classement ESC Top 250, postant « Tattoo » en pole position. L'impact du single ne s'est pas limité à l'Europe. La chanson a également trouvé un public enthousiaste aux États-Unis, entrant à la 15e place du Billboard 200, ainsi qu'en Australie et bien au-delà.

Plus qu'un simple tube, « Tattoo » est un phénomène mondial qui a profondément marqué les esprits et les cœurs, consolidant Loreen comme l'une des artistes les plus influentes de sa génération. Ce titre restera définitivement tatoué dans nos mémoires, témoignant de l'impact durable de l'Eurovision sur la scène musicale internationale.

Conchita Wurst, étincelante gagnante pour l'Autriche en 2014 à Copenhague, Danemark

RISE LIKE A PHOENIX

Conchita Wurst, Autriche, 2014

Jusqu'alors en France, quand on pensait à l'Eurovision, on pensait à Marie Myriam et à sa chanson « L'Oiseau et l'Enfant », puis Barbara Pravi et Slimane ont pris la relève. Mais voyagez en Europe et posez la question suivante autour de vous: « Quelle est la chanson qui a le plus marqué l'Eurovision ? » Vous verrez que « Rise Like a Phoenix » de Conchita Wurst sera presque systématiquement citée. La chanson est une ballade pop à l'orchestration grandiose composée par l'Allemand Alexander Zuckowski, à qui l'on doit de nombreux succès, notamment pour Udo Lindenberg, Sarah Connor, Adel Tawil, Ina Müller, Sasha et Blue. La construction du morceau s'apparente à celle d'un générique d'ouverture d'un film de *James Bond*. Les paroles, sensées et sensibles, traitent de l'acceptation de soi et de comment se relever de tout. La chanson est accompagnée d'une mise en scène sublime, le tout porté par une artiste iconique propulsant le Concours Eurovision de la chanson sous les projecteurs du monde entier comme jamais auparavant. En plus de remporter l'édition 2014, « Rise Like a Phoenix » caracole en tête des charts à travers toute l'Europe et, fait rare pour la France, en plus de passer sur de nombreuses stations FM, la chanson se classe à la 39e position du Top Singles pendant une semaine. Une prouesse pour une chanson issue de l'Eurovision !

À la suite de cette prestation, le Concours renaît et se transforme radicalement. Le succès d'« Euphoria » de Loreen ainsi que celui de Conchita Wurst donnent alors l'idée à beaucoup de producteurs et de maisons de disques de faire de cette scène l'opportunité unique de propulser leurs artistes pour briller et exister rapidement à l'échelle mondiale. Dès lors, année après année, le Concours gagne en visibilité internationale, change de dimension et les délégations s'y adaptent en présentant de plus en plus de chansons calibrées pour le succès. L'Eurovision se sépare de son identité ringarde. « Rise Like a Phoenix » et Conchita Wurst sont, depuis, indissociables du Concours. Chaque année, l'artiste revient porter ses messages de tolérance et d'acceptation en participant aux festivités autour de l'organisation, en donnant des concerts à l'Eurovision Village et de multiples interviews, ou même en remontant sur la scène de l'émission, comme en 2024 à Malmö où, habillée d'une sublime robe rouge, elle chante « Waterloo » en hommage à ABBA.

C'est le finaliste de la 3e saison de « The Voice » qui est choisi pour représenter la France en 2016, porté par sa maison de disques, le groupe Warner, qui souhaite faire de lui une star montante de la chanson française. Amir lui-même co-compose et coécrit ce morceau qui va lancer sa carrière. À la sortie du single, la chanson est plébiscitée. L'orchestration pop et le mélange des langues française et anglaise (fait rare pour la France) le classent 3e des pronostics chez les bookmakers pour une victoire à l'Eurovision.

Son interprétation énergique et souriante fera danser l'Europe entière ce soir de mai 2016, et l'enthousiasme dégagé par Amir fera même chanter le fameux « youh-ouh-ouh-ouh » à Élodie Gossuin, connectée depuis Paris pour annoncer les points donnés par la France. Un gimmick depuis resté et repris par de nombreux fans du programme.

« J'ai cherché » offre à la France la 6e position au classement Eurovision, une prouesse à l'époque non renouvelée pour le pays depuis 2002 avec Sandrine François et sa chanson « Il faut du temps », arrivée à la 5e place. Tout l'été, son titre est diffusé sur les ondes radio, il enchaîne les plateaux de télévision et devient la star de l'émission nationale consacrée à la fête de la Musique sur France 2. Première des charts en France, en Belgique, mais aussi en Lituanie, la chanson devient très vite single de diamant avec près de 50 millions de streams !

Son interprétation énergique et souriante fera danser l'Europe entière.

Youh-ouh-ouh-ouh ! Amir à fond pour la France en 2016 à Stockholm, Suède

J'AI CHERCHÉ

Amir, France, 2016

Eleni Foureira, représentant Chypre en 2018, est révenue en *guest* à la demi-finale en 2024 à Malmö, Suède.

FUEGO

Eleni Foureira, Chypre, 2018

Eleni Foureira, chanteuse grecque d'origine albanaise, a tenté à de multiples reprises de représenter la Grèce à l'Eurovision, sans succès. Il faudra attendre 2018 et une proposition du télédiffuseur chypriote, pays politiquement et culturellement très proche de la Grèce, pour qu'elle se présente sur la scène du Concours, avec le tube latino pop « Fuego ». Eleni termine à la 2e place de l'Eurovision, en plus d'avoir mis le feu sur scène, dans la salle et dans les chaumières ! Au-delà du soir de la grande finale, elle a aussi enflammé les charts européens en se classant 1re des charts en Grèce, 9e en Espagne, 10e en Belgique, mais également dans le Top 20 de la quasi-totalité de la Scandinavie, notamment en Suède et en Norvège, ainsi qu'au Portugal, en Suisse ou encore en Allemagne. Fait rarissime, « Fuego » se classe également dans le Top français en atteignant la 70e place ! Eleni est régulièrement invitée dans les éditions suivantes, notamment en 2019 et en 2024, pour interpréter de nouveau sa chanson, rapidement devenue une chanson culte de l'Eurovision.

ARCADE

Duncan Laurence, Pays-Bas, 2019

Remporter l'Eurovision sans pour autant gagner le vote du jury (3e place) ni le vote du public (2e place), c'est l'exploit réalisé par le chanteur néerlandais Duncan Laurence avec sa *power ballad* intimiste et minimaliste « Arcade ». Cette médaille d'argent côté public permet à la chanson de se classer directement à la 1re place des ventes aux Pays-Bas, au Luxembourg, en Islande ainsi qu'en Estonie, à la 2e place en Belgique, en Lituanie, ou encore en Grèce. « Arcade » atteint le Top 10 dans pas moins de 16 pays ! En 2020, cette ballade connaît une seconde vie dans les classements de ventes physiques et d'écoutes en streaming en devenant le fond sonore de vidéos virales sur TikTok. Depuis, cette chanson est entrée en France dans les playlists de nombreux programmateurs radio. Il n'est pas rare, au détour d'un rayon surgelés ou d'une traversée du pays sur l'autoroute, d'entendre « Arcade » résonner dans nos oreilles aujourd'hui encore.

10 YEARS

Daðy & Gagnamagnið, Islande, 2021

Cette chanson loufoque, composée d'un subtil mélange de disco-pop synthétique, volontairement has been d'inspiration années 1980 et 1990, a marqué les esprits lors du Concours. Le groupe termine à une belle 4e place en finale. La chanson intègre le Top 10 des charts en Islande, au Royaume-Uni ou encore en Belgique et en Finlande. Paradoxalement, ce n'est pas le premier – ni le plus important – succès commercial du groupe à l'Eurovision. Covid-19 oblige, le Concours 2020 a été annulé, mais Daðy et ses acolytes étaient déjà en lice pour représenter l'Islande avec le titre « Think About Things ». Cette musique était l'une des grandes favorites à la victoire avant l'annulation de l'édition : les charts ne s'y sont pas trompés, puisqu'elle s'est classée 1re en Islande, 2e aux Pays-Bas, 3e en Belgique et en Irlande ainsi que dans de nombreux autres pays.

SNAP

Rosa Linn, Arménie, 2022

Le tour de force de la chanteuse arménienne Rosa Linn est d'avoir raté son Eurovision en ayant pourtant remporter un succès commercial et médiatique remarquable dans les mois suivant le Concours. Elle se classe seulement en 20e position lors de la grande finale, mais quelques mois plus tard, en un claquement de doigts (« Snap ! »), la chanson devient un tube international. Elle est massivement reprise sur le réseau social TikTok en fond sonore. Les écoutes en streaming explosent, le grand public (re)découvre sa performance à l'Eurovision 2022 et Rosa Linn se retrouve en tête des charts en Belgique, en Lettonie, aux Pays-Bas, et intègre le Top 10 de dizaines d'autres pays. Consécration suprême, en mai 2024, elle atteint un milliard d'écoutes sur Spotify, devenant de fait la deuxième chanson de l'Eurovision à atteindre un tel succès après « Arcade » de Duncan Laurence.

Rosa Linn sur la scène de Turin en 2022, Italie. Elle représente l'Arménie.

Alain Barrière représentant la France en 1963 à Londres, Royaume-Uni

ELLE ÉTAIT SI JOLIE

Alain Barrière, France, 1963

La chanson était si jolie qu'on ne saurait pas ne pas l'aimer. Alain Barrière est choisi en interne par la RTF pour représenter la France avec ce morceau qu'il a écrit et composé. Bien qu'il ne termine qu'à la 5e place, ce titre propulse sa carrière et devient culte pour toute une génération. La chanson est également reprise par Rika Zaraï ou encore la troupe des Enfoirés. Malheureusement, les nombreuses ventes de disques n'auront pas suffi à mettre le chanteur à l'abri, qui dut faire face à de longues années de dettes insolubles et de problèmes avec le fisc.

POUPÉE DE CIRE, POUPÉE DE SON

France Gall, Luxembourg, 1965

Elle est française, elle chante en français, elle s'appelle France… mais elle représente pourtant le Luxembourg en 1965 avec le tube incontournable écrit par Serge Gainsbourg « Poupée de cire, poupée de son ». La pauvre France Gall aura subi les huées des musiciens, la jalousie de sa concurrente Kathy Kirby, mais aussi celle de Claude François, son compagnon de l'époque, qui la quittera le soir même avec sa célèbre phrase : « Tu as peut-être gagné, mais tu m'as perdu. » Qu'à cela ne tienne, elle remonte sur scène avec sa ritournelle devant pas moins de 150 millions de téléspectateurs, remporte la victoire du Concours et se classe dans le hit-parade de 18 pays à l'issue de l'Eurovision. Le disque atteint tous les records et se vend à 20 000 exemplaires par jour. France Gall aura décidément mérité sa victoire.

Brotherhood of Man clébrant leur victoire pour le Royaume-Uni en 1976 à La Haye, Pays-Bas

SAVE YOUR KISSES FOR ME

Brotherhood of Man, Royaume-Uni, 1976

La petite ritournelle de « Save Your Kisses for Me » reste dans la tête de quiconque l'écoute encore aujourd'hui. Sans surprise, les jurés lui confèrent alors la 1re place à l'Eurovision 1976, mais la chanson réussit aussi ses ventes et atteint la même 1re place dans une trentaine de pays après sa sortie. Un « strike » pour le Royaume-Uni, avec plus de 6 millions d'exemplaires du disque vendus. « Save Your Kisses for Me » a pourtant bien failli ne pas voir le jour, puisque le groupe Brotherhood of Man qui l'interprète ne croyait pas au potentiel de cette chanson.

« Vous plaisantez ? », lâchèrent les quatre membres (deux femmes et deux hommes), bouche bée après qu'on leur a montré la chorégraphie qu'ils devraient exécuter sur la scène de l'Eurovision. Non, ce n'était pas une plaisanterie : ce fut un succès ! La chorégraphie, aussi ridicule qu'efficace, accompagne à merveille cette chanson entêtante. Martin, Lee, Nicky et Sandra se lancent malgré eux dans cette chorégraphie créée par Guy Lutman (à l'époque chanteur dans l'émission de télévision pour enfants « Lift Off with Ayshea ») et inscrivent une victoire supplémentaire du Royaume-Uni dans l'histoire de l'Eurovision. Il fallait y croire !

Gali Atari et Milk and Honey représentant les Pays-Bas en 1979 à Jérusalem, Israël

Sophie & Magaly accompagnées du Papa Pingouin pour le Luxembourg en 1980 à La Haye, Pays-Bas

HALLELUJAH

Milk and Honey, Israël, 1979

Israël gagne pour la deuxième fois consécutive avec la chanson « Hallelujah » en 1979. Et, cette fois, ils obtiennent la victoire « à domicile », à Jérusalem. C'est d'ailleurs la première fois que le Concours ne se déroule pas en Europe. Dans un contexte géopolitique tendu, la chanson est un hymne à la paix et devient un hymne hébraïque. Gros suspense ce soir-là jusqu'à la dernière minute : Israël remporte la victoire contre l'Espagne grâce aux 10 derniers points attribués... par l'Espagne. Plus de 200 versions de la chanson voient le jour, dont une en français, interprétée par Rika Zaraï. C'est encore aujourd'hui un des tubes israéliens connus dans le monde entier.

PAPA PINGOUIN

Sophie & Magaly, Luxembourg, 1980

Une fois n'est pas coutume, il n'est pas nécessaire d'être numéro 1 au Concours pour que sa chanson devienne un tube. Les jumelles Sophie et Magaly, âgées de 17 ans, le prouvent en terminant 9e sur 19 avec leur « Papa Pingouin » qui s'ennuie sur sa banquise. Cette chanson aux allures de ritournelle pour enfants, qui fut d'ailleurs reprise par Pigloo en 2006 avec un beat typique de ces années, se vend à plus d'un 1 million d'exemplaires rien qu'en France — alors que les deux jeunes chanteuses représentaient le Luxembourg —, mais aussi dans tous les pays francophones. Ce succès commercial est écrit par Pierre Delanoë et Jean-Paul Cara (auteur et compositeur de « L'Oiseau et l'Enfant », chanson gagnante de la France en 1977, interprétée par Marie Myriam). Les auteurs ne sont d'ailleurs pas de fins ornithologues puisque, malgré ce thème de prédilection, ils font une légère erreur dans le texte : selon eux, les ailes du pingouin « ne servent plus à rien », une caractéristique typique des manchots ; les pingouins étant, eux, des oiseaux volants.

Slimane stupéfiant avec son a cappella sur « Mon amour » pour la France en 2024 à Malmö, Suède

MON AMOUR

Slimane, France, 2024

Depuis sa sortie, le titre « Mon amour » de Slimane a rencontré un succès fulgurant. Le chanteur, déjà bien ancré dans le cœur des Français, a su une nouvelle fois toucher son public avec cette chanson aux accents poignants et personnels.

La chanson fut la première de la sélection de l'Eurovision 2024 à être révélée. La délégation française et la maison de disques de Slimane ont ainsi propulsé « Mon amour » pendant des mois au rang de tube international. Le titre a rapidement grimpé les échelons des classements musicaux. En France, la chanson a atteint le Top 10 du classement des singles les plus vendus et s'est maintenue dans le Top 50 pendant plusieurs semaines consécutives. Le succès ne s'est pas limité à l'Hexagone, avec une présence notable dans les charts de Belgique, du Luxembourg, de Grèce et de Suisse. Le single s'est également imposé sur les plateformes de streaming. Sur Spotify, « Mon amour » a franchi la barre des 50 millions de streams (dont 1,8 million supplémentaire en 24 heures seulement après sa prestation à l'Eurovision), entrant dans le Top 100 mondial des titres les plus écoutés sur la plateforme. Sur Apple Music et Deezer, les chiffres sont tout aussi impressionnants, cumulant des millions d'écoutes supplémentaires. Le clip officiel, mis en ligne sur YouTube, a quant à lui enregistré plus de 30 millions de vues, autant de témoins d'un engouement inédit pour la proposition française.

Avec « Mon amour », Slimane confirme sa place de choix sur la scène musicale francophone. Le succès de ce titre a non seulement consolidé sa notoriété, mais a également montré sa capacité à émouvoir et à toucher un plus large public, notamment européen.

La participation de la France à l'Eurovision 2024 rehausse la moyenne du classement français en la plaçant à la 4e place et inscrit dès lors « Mon amour » comme un tube incontournable du répertoire du Concours. Slimane a été propulsé en star internationale et a enchaîné une tournée mondiale dans plus de 10 pays européens, mais aussi au Canada et aux États-Unis. Slimane, nous t'aimons et nous savons bien pourquoi.

J'AIME LA VIE

Sandra Kim, Belgique, 1986

On ne peut pas faire plus dans l'air du temps des années 1980 que le titre « J'aime la vie ». L'instrumental, les paroles et le look de Sandra Kim, avec ses grandes épaulettes typiques des années 1980, nous font aimer la vie autant qu'elle. Âgée de 13 ans — bien qu'elle clame en avoir 15 dans les paroles de la chanson —, elle remporte le Concours pour la Belgique. Est-ce à cause du scandale sur son âge que la chanson se classe également numéro 1 du hit-parade belge ? Personne ne le sait, mais, en attendant, le titre se vend à 350 000 exemplaires rien qu'en Belgique et 1 400 000 dans le monde.

Le succès de « SloMo » est dû en grande partie à son refrain accrocheur et à sa production moderne, qui se sont démarqués dans le cadre du Concours.

Chanel représentant l'Espagne en 2022 à Turin, Italie

SLOMO

Chanel, Espagne, 2022

Caliente ! Chanel a littéralement enflammé la scène de l'Eurovision 2022 pour l'Espagne avec « SloMo », une chanson pop explosive et irrésistible. Sa performance éblouissante, marquée par une chorégraphie sophistiquée, des costumes scintillants et une présence scénique électrisante, restera gravée dans les mémoires comme l'une des plus spectaculaires de l'histoire de l'Eurovision. « SloMo » a décroché la 3e place du Concours avec un total époustouflant de 459 points, récoltant 228 points du jury professionnel et 231 points du télévote, malgré le contexte géopolitique en Ukraine. Après l'Eurovision, « SloMo » a connu une ascension fulgurante dans les classements musicaux à travers l'Europe et au-delà. En Espagne, la chanson a atteint directement la 1re place des charts, y restant plusieurs semaines dans le Top 10. Elle s'est également hissée dans le Top 10 de nombreux autres pays européens, témoignant de son succès retentissant. La prestation de Chanel à l'Eurovision a été unanimement saluée par la critique pour son professionnalisme et son impact visuel époustouflant. « *Take a video, watch it slow mo.* » Les médias européens ont loué sa capacité à captiver le public avec une chorégraphie complexe, tout en livrant une performance vocale impeccable. Le succès de « SloMo » est dû en grande partie à son refrain accrocheur et à sa production moderne, qui se sont démarqués dans le cadre du Concours. La chanson n'a pas seulement été un triomphe commercial, mais a également eu un impact culturel immense, au point que sa chorégraphie a même été intégrée dans le jeu vidéo phénomène *Just Dance*. Par ailleurs, le breakdance qu'elle a réalisé sur scène a, depuis, inspiré de nombreuses candidatures à l'Eurovision, sans réellement arriver à égaler son niveau. Chanel est devenue une icône en Espagne et dans le monde de l'Eurovision, inspirant de nombreux artistes et fans. Sa performance a été massivement partagée sur les réseaux sociaux, générant des milliers de commentaires et de partages, et consolidant sa place dans l'histoire de l'Eurovision. Elle a même surpassé Loreen et son titre « Euphoria » au classement général des fans de l'Eurovision, l'ESC Top 250, en 2022. Chanel et « SloMo » resteront sans doute parmi les moments les plus éclatants de l'Eurovision 2022, témoignant de l'impact durable de ce tube et de cette artiste exceptionnelle sur la scène musicale internationale.

Maneskin, gagnants pour l'Italie en 2021 à Rotterdam, Pays-Bas.

ZITTI E BUONI

Måneskin, Italie, 2021

« *Rock and roll never dies!!!* » (« Le rock'n'roll ne mourra jamais !!! »), ce sont les premiers mots prononcés par Damiano David, chanteur et leader du groupe italien Måneskin, lorsqu'il est monté sur la scène de l'Eurovision en 2021 pour récupérer le trophée, accompagné de ses partenaires Victoria De Angelis, Thomas Raggi et Ethan Torchio.

C'est avec leur chanson « Zitti e buoni » — que l'on pourrait traduire par « Taisez-vous et restez tranquilles » — que le groupe a bouleversé le Concours. Celle-ci a eu l'effet d'une bombe, apportant un vent de fraîcheur et remettant le rock au goût du jour dans la compétition.

Le règlement de l'Eurovision n'accepte pas les grossièretés dans les textes des chansons, ce qui a contraint le groupe à se censurer pour se produire à Rotterdam. « Nous sommes des rebelles, pas des idiots, résume Damiano avec un sourire. Ça ne nous a pas plu de devoir changer le texte, mais c'est une question de bon sens. »

Toutefois, dans l'euphorie de l'annonce de leur victoire, alors que la tradition veut que la chanson gagnante soit réinterprétée une dernière fois en direct, Damiano ne se prive pas et, alors qu'il chantait quelques heures avant « *E buonasera, signore e signori, fuori gli attori. Vi conviene non fare più errori. Vi conviene stare zitti e buoni* » (« Et bonsoir, mesdames et messieurs, en avant les acteurs. Vous feriez bien de ne plus faire d'erreurs. Vous feriez bien de rester calmes et sages »), il modifie alors délibérément les paroles initiales : « *E buonasera, signore e signori, fuori gli attori. Vi conviene toccarvi i coglioni. Vi conviene stare zitti e buoni* » (« Et bonsoir, mesdames et messieurs, en avant les acteurs. Vous feriez bien de vous toucher les couilles. Vous feriez bien de rester calmes et sages »).

Jessica Mauboy représentant l'Australie en 2018 à Lisbonne, Portugal

Cette attitude rock'n'roll s'inscrit dans la pure tradition italienne, car, dans le pays, se toucher l'entrejambe est une façon superstitieuse d'espérer que quelque chose de mauvais ne vous arrive pas.

Le succès du groupe ne s'est dès lors plus démenti. « Zitti e buoni » a remporté un succès qui a propulsé le groupe au sommet. La chanson s'est classée 1re des ventes en Finlande, en Grèce, en Lituanie, aux Pays-Bas, en Pologne, en Suède et dans le Top 10 de 13 autres pays européens ! Deuxième en Italie, le titre est certifié disque d'or avec près de 18 millions de streams en quelques jours à peine. « Zitti e buoni » a également réalisé la prouesse de se classer, pour une chanson entièrement en italien, dans les Top 10 britannique et américain. Depuis, Måneskin connaît un succès planétaire et peut s'enorgueillir d'avoir, avec audace et talent, remis le rock au goût du jour.

WE GOT LOVE

Jessica Mauboy, Australie, 2018

L'Australie, invitée d'honneur de l'Eurovision pour la célébration de sa 60e édition, en 2015, participa pour la première fois au Concours. Depuis, le pays est réinvité chaque année, car il s'est imposé avec ses propositions musicales de qualité (et son chèque de participation, évidemment). Imaginez-la simplement comme une copine peu connue qui débarque dans une soirée avec une bouteille de champagne tout en mettant une bonne ambiance. Forcément, on la réinvite !

C'est à présent d'une véritable boule d'énergie au timbre éraillé qui nous fait sentir le soleil, l'eucalyptus et le monoï dont nous allons parler : la pétillante Jessica Mauboy. Chanteuse, auteure, compositrice et actrice australienne, née d'un père australien et d'une mère aborigène, elle a illuminé la scène de l'Eurovision au Portugal en 2018 avec « We Got Love », un tube europop qu'elle a coécrit avec Anthony Egizii et David Musumeci, connus pour leurs collaborations avec Ricky Martin et Geri Halliwell.

Cette chanson hurle la résilience et l'amour face aux épreuves. « We Got Love » est un hymne pop énergique prônant l'unité et la positivité. Même si elle a terminé 20e sur 26 à cause d'une mise en scène défaillante, la chanson reste accrocheuse. Elle a atteint le Top 30 en Australie, fait une petite incursion sur les ondes radio françaises et, grâce au streaming, est entrée à la 148e position la semaine de son lancement, montant jusqu'à la 86e place en Suède. « We Got Love » est l'une de ces chansons qui savent vous mettre de bonne humeur en toutes circonstances et que nous souhaiterions, par ce livre, vous inviter à ajouter avec enthousiasme dans vos meilleures playlists.

Mans Zelmerlow célébrant sa victoire pour la Suède en 2015 à Vienne en Autriche lors de la 60ème édition du Concours de L'Eurovision.

En 2015, c'est le séduisant Måns Zelmerlöw qui met le feu à l'Eurovision avec son tube « Heroes ». Et il n'a pas seulement enflammé la scène, mais aussi le cœur des téléspectatrices et des téléspectateurs…

HEROES

Måns Zelmerlöw, Suède, 2015

Quand la Suède veut gagner, elle ne fait pas les choses à moitié ! En 2015, c'est le séduisant Måns Zelmerlöw qui met le feu à l'Eurovision avec son tube « Heroes ». Et il n'a pas seulement enflammé la scène, mais aussi le cœur des téléspectatrices et des téléspectateurs… En direct, Måns nous a offert une performance visuellement époustouflante, interagissant avec des animations de petits personnages et des effets lumineux. Résultat ? Une vague de points parfaits : 12 fois 12 points ! Avec un score impressionnant de 365 points, la Suède décroche la victoire haut la main.

Bien sûr, tout succès s'accompagne de quelques petites controverses. Certains critiques ont pointé une ressemblance entre « Heroes » et « Lovers on the Sun » de David Guetta. Mais les auteurs de « Heroes » nient toute intention de copie, et aucune action légale n'a été engagée.

Après sa victoire à l'Eurovision, « Heroes » devient un hit commercial, atteignant les sommets des charts à travers toute l'Europe : Grèce, Autriche, Islande, Suède, Suisse, Allemagne, Espagne, Russie, Belgique, Norvège, Finlande… Partout, tout le monde chante « Heroes » cette année-là ! En Suède, la chanson est même certifiée cinq fois platine par l'Association suédoise de l'industrie du disque avec plus de 200 000 ventes.

Et cette victoire a été un véritable tremplin pour Måns Zelmerlöw. Devenu une superstar internationale, il est aujourd'hui l'un des artistes les plus en vue de Suède. Que ce soit en tant que chanteur ou présentateur télévisé (il coanimera d'ailleurs avec Petra Mede l'Eurovision 2016), Måns continue de charmer les foules et de briller sous les projecteurs.

ABBA

Mesdames et messieurs, voici LE tube de l'Eurovision devant l'Éternel. Blondeur, paillettes, sequins et disco : l'incontournable groupe suédois ABBA remporte l'Eurovision 1974 avec le tube « Waterloo ». C'est cette chanson qui lance le double couple Agnetha & Björn et Benny & Anni-Frid dans leur carrière internationale et dans la légende des groupes mythiques. Issu de l'album éponyme, le disque se vend à plus de 6 millions d'exemplaires dans le monde entier. Côté charts, c'est un raz-de-marée. Il caracole en tête des ventes dans plusieurs pays d'Europe : 1er en Angleterre, en Allemagne, en Irlande, en Belgique, au Danemark, en Finlande, en Norvège... mais aussi et surtout aux États-Unis, où le tube entrera dans le Top 10 des titres les plus vendus sur le territoire. En France, on recense alors 500 000 unités du single vendues. La chanson s'inscrit musicalement dans son époque « *so disco* », en faisant une analogie entre la capitulation de Napoléon lors de la fameuse bataille de 1815 et celle d'une femme amoureuse qui rend les armes. Avec « Waterloo », ABBA a définitivement gagné la bataille, celle du succès.

ABBA, gagnants représentant la Suède en 1974 à Brighton, Royaume-Uni

X.
EUROVISION JUNIOR

« Je vois des gens courber le dos
Comme si la vie marquait zéro
Moi j'ai 15 ans et je te dis
Whoa whoa... j'aime la vie »
Sandra Kim, « J'aime la vie », Belgique, 1986

Sandra Kim aime d'autant plus la vie qu'elle fait gagner la Belgique au Concours Eurovision 1986 avec cette chanson. C'est peut-être vrai, mais elle nous ment sans honte, puisque ce soir-là, le 3 mai 1986, en direct de Bergen, en Norvège, elle n'a pas du tout 15 ans...

Du haut de ses 13 ans, la petite Pinocchio belge fait alors naître une légère polémique autour de l'âge des candidates et des candidats au Concours. La Suisse en première ligne, qui, dès le soir même, s'oppose à cette victoire et demande la disqualification de la Belgique auprès de l'UER.

Pourtant, la délégation suisse, représentée par la candidate Daniela Simons, n'aura pas gain de cause, puisqu'à l'époque aucun paragraphe dans le règlement ne stipule une quelconque indication quant à l'âge des participants. Le titre qui représente les Helvètes cette année-là, « Pas pour moi », a été une sacrée prémonition.

Et même si la Suisse repart vexée, elle aura eu le mérite de semer une graine dans l'organisation du Concours : faut-il avoir un âge minimal pour représenter son pays à l'Eurovision ?

Cette anecdote est la graine plantée d'une idée qui germera plus tard : la création du concours Eurovision Junior.

Zoé Clauzure remporte le Concours Eurovision Junior 2023 avec sa chanson «Cœur» pour la France en direct de Nice.

Scène de l'Eurovision Junior 2023
à Nice, France

En 1989, la polémique resurgit de plus belle avec, d'une part, la participation de Gili, âgé de 12 ans, avec la chanson « Derech Ha'melech » pour Israël et, d'autre part, la France représentée par Nathalie Pâque, 11 ans à peine quand elle interprète « J'ai volé la vie ». L'UER décide alors, dès l'année suivante, d'amender son règlement en imposant un âge minimal de 16 ans révolus pour pouvoir valider sa participation.

Les années 1990 font la part belle aux programmes jeunesse à la télévision, qui deviennent pour certains le symbole de toute une génération. Pour surfer sur la vague et satisfaire cette nouvelle audience jeune et nombreuse, les pays nordiques s'inspirent de l'idée de l'UER et décident de lancer dans leur coin un concours de chansons pour enfants appelé « EuroContest », auquel la Norvège, la Suède et le Danemark participent au début des années 2000. Forte du succès du programme, l'UER reprend le concept et le déploie sur tout le continent. L'Eurovision de la chanson junior voit ainsi officiellement le jour en 2003.

Pour cette version, chaque année, entre 15 et 20 pays participent, mais, bien que le concept reste globalement le même, beaucoup de choses diffèrent de l'émission initiale. Le ton est clair : cette version doit principalement s'adresser aux enfants, les participants devant avoir entre 9 et 14 ans. Avec ces règles, l'UER s'assure de se débarrasser des candidatures « junior » au Concours adulte, mais également de fidéliser un public plus jeune autour de la marque Eurovision, public qui continuera certainement à regarder le Concours une fois devenu adulte. Cette version se déroule en fin d'année et permet ainsi de créer deux moments Eurovision annuels. Les votes sont gratuits et réalisables sur Internet, et, pour la première fois, on peut voter pour son propre pays ! Révolution ! Chaque pays participant dispose également d'un jury de professionnels, qui eux ne peuvent pas voter pour leur propre pays. Le vote est donc découpé en deux parts égales. Il paraît cependant évident que le télévote qui permet de voter pour son propre pays biaise les résultats.

Carla et sa chanson « Bim bam toi », écrite par Barbara Pravi, qui, bien qu'arrivée 5e au classement général, devient un phénomène mondial avec des millions de reprises sur les réseaux sociaux et notamment sur TikTok.

Carla, représentant la France en 2019, interprète « Bim Bam toi » à Gliwice en Pologne.

LA FRANCE AU TOP

L'année 2004 est marquée par la première participation de France Télévisions, qui sélectionne Thomas et sa chanson « Si on voulait bien », aux sonorités jazz manouche. Il finira 6e sur 12. Malheureusement, le coût de la participation au Concours et les faibles résultats d'audience pour France 3 poussent France Télévisions à se retirer de la compétition pour ne plus y participer pendant presque quinze ans. Elle y revient en 2018, poussée par sa présidente Delphine Ernotte, alors également présidente de l'UER et souhaitant redorer le blason de la marque Eurovision sur le territoire. En Biélorussie, à Minsk, Angelina représente donc la France cette année-là avec sa chanson « Jamais sans toi » et montera sur la 2e place du podium ! Joli retour.

Mais c'est en 2019 que tout s'accélère avec la participation de Carla et sa chanson « Bim bam toi », écrite par Barbara Pravi, qui, bien qu'arrivée 5e au classement général, devient un phénomène mondial avec des millions de reprises sur les réseaux sociaux et notamment sur TikTok, grâce à l'influenceuse Juju FitCats qui fera exploser la rengaine.

Depuis, la France s'est hissée trois fois à la tête du podium de l'Eurovision Junior. En 2020, elle s'offre une première victoire avec Valentina et son entêtante et colorée chanson « J'imagine », écrite également par Barbara Pravi. Ainsi, pour la première fois depuis 1978 après la victoire de Marie

Scène de l'Eurovision Junior 2021 à Paris, France

Myriam l'année précédente, la France organise un Concours Eurovision sur son territoire. Ça se passe à Paris, à la Seine musicale, où Maléna et son tube « Qami Qami » sont consacrés pour l'Arménie.

Destiny Chukunyere, en 2015, bouleverse le genre et arrive avec une pétillante chanson pop gospel, « Not My Soul », pour Malte.

En 2022, c'est la grande surprise. Portée par Lissandro et sa chanson « Oh Maman ! », la France remporte une deuxième fois le Concours, à peine deux ans plus tard ! Mais, comme le dit l'adage, jamais deux sans trois. En direct de Nice, en 2023, c'est le combo : Zoé Clauzure réussit l'exploit de gagner une nouvelle fois pour la France le Concours Eurovision de la chanson junior avec son titre « Cœur ». La délégation française se donne à fond et redouble d'effort pour faire briller l'Eurovision, et ça fonctionne.

Stéphane Sitbon-Gomez, directeur des antennes de France Télévisions, dira au micro du podcast « 12 Points », en novembre 2024 : « L'Eurovision, c'est un concours d'importance mondiale. C'est un show d'importance mondiale. Il fait partie des quatre ou cinq événements dans le monde qui ont une ampleur incroyable, et donc on a le devoir de le mettre à l'honneur, de le sublimer et d'y mettre toute notre énergie. » Gageons que cela peut faire briller la France à l'édition classique le plus tôt possible.

Comme son nom l'indique, l'Eurovision Junior est un concours pour les plus jeunes, mais il est aussi plus petit. Plus petit en nombre de participants, organisé dans de plus petites salles, avec un plus petit budget, entraînant la facilité de participation enthousiaste de nombreux plus petits pays, comme l'Arménie, Andorre, la Géorgie, le Kazakhstan,

Destiny fait danser tout le monde avec son tube « Not my soul » pour Malte lors de l'Eurovision Junior en 2015 à Sofia, Bulgarie.

la Croatie, Malte, la Macédoine du Nord, etc. Enthousiaste, car remporter la coupe et l'opportunité d'organiser le Concours effraie moins au regard des coûts de ce dernier. Aussi, pouvoir facilement mettre en avant son pays et donner un coup de projecteur rare à l'international est un enjeu de taille pour l'économie locale. Alors, toutes les délégations y vont à fond pour tenter de remporter la mise, et force est de constater que l'Eurovision Junior n'a pas à rougir face à la version classique. C'est définitivement un programme à ne pas rater.

Laurent Boyer n'a qu'à bien se tenir, les graines de star de nos nouvelles générations passent par cette scène internationale ! Destiny Chukunyere, en 2015, bouleverse le genre et arrive avec une pétillante chanson pop gospel, « Not My Soul », pour Malte, qui résonne encore dans le cœur de nombreux fans du Concours. Elle gagnera « le Junior » cette année là. Forte de son succès, elle aura la chance de fouler la scène lors d'un grand Eurovision en 2021 avec sa dynamique chanson « Je me casse », mais, malgré tous les efforts de la délégation, une mise en scène un peu faiblarde la mènera tout de même à une 7e place.

Maléna, qui remporte le Concours pour l'Arménie en 2021 avec sa chanson « Qami Qami » (« Vent vent »), bouscule les codes de l'Eurovision Junior avec une proposition plus mature, plus adolescente et prête à séduire une audience beaucoup plus large. Elle enchante tout le monde avec son tube pop à la scénographie ultra-produite et léchée. Maléna a 14 ans et déjà beaucoup de talent. C'est une bête de scène, qui contraste forcément avec les plus petits. Plus mature, elle séduit forcément une audience plus large.

Zoé Clauzure enchante le palais Nikaïa à Nice avec sa chanson «Coeur» pour la France en 2023.

ZOÉ CLAUZURE

La France brille à l'Eurovision Junior et a remporté la compétition trois fois depuis 2020. Valentina en 2020 avec «J'imagine», Lissandro en 2022 avec «Oh Maman!» et Zoé Clauzure en 2024 avec «Cœur». Une prouesse que l'on se souhaite à renouveler pour le concours classique. Bravo les enfants!

DATES CLÉS

1956 | Suisse | **Lys Assia** | *Refrain* | N.C. — 1er Concours de l'Eurovision, 7 pays participants.

1957 | Pays-Bas | **Corry Brokken** | *Net als toen* | 31 pts

1958 | France | **André Claveau** | *Dors, mon amour* | 27 pts — **1re victoire pour la France.**

1959 | Pays-Bas | **Teddy Scholten** | *Een Beetje* | 21 pts

1960 | France | **Jacqueline Boyer** | *Tom Pillibi* | 32 pts — **2e victoire pour la France.**

1961 | Luxembourg | **Jean-Claude Pascal** | *Nous les amoureux* | 31 pts

1962 | France | **Isabelle Aubret** | *Un premier amour* | 26 pts — Ase Kleveland pour la Norvège est la première femme à porter le costume avec un pantalon. — **3e victoire pour la France.**

1963 | Danemark | **Grethe et Jørgen Ingmann** | *Dansevise* | 42 pts

1964 | Italie | **Gigliola Cinquetti** | *Non ho l'età* | 49 pts

1965 | Luxembourg | **France Gall** | *Poupée de cire, poupée de son* | 32 pts — Ingvar Wixell pour la Suède, chante en anglais, 1re fois qu'un pays chante dans une autre langue que sa langue nationale.

1966 | Autriche | **Udo Jürgens** | *Merci, Chérie* | 31 pts — Obligation de chanter dans une langue nationale du pays.

1967 | Royaume-Uni | **Sandie Shaw** | *Puppet on a String* | 47 pts

1968 | Espagne | **Massiel** | *La, la, la* | 29 pts — Diffusion en couleur du Concours.

1969 | Espagne, France, Pays-Bas, Royaume-Uni | Salomé, Frida Boccarra, Lenny Kuhr, Lulu | *Vivo cantando*, « Un jour, un enfant », *De Troubadour, Boom Bang-a-Bang* | 18 pts ex aequo — **4e victoire ex aequo avec *Un jour, un enfant*, interprétée par Frida Boccara.**

1970 | Irlande | **Dana** | *All Kinds of Everything* | 32 pts

1971 | Monaco | **Séverine** | *Un banc, un arbre, une rue* | 128 pts — Serge Lama représente la France au Concours.

1972 | Luxembourg | **Vicky Leandros** | *Après toi* | 128 pts

1973 | Luxembourg | **Anne-Marie David** | *Tu te reconnaîtras* | 129 pts — Liberté linguistique instaurée pour la première fois.

1974 | Suède | **ABBA** | *Waterloo* | 24 pts — La France ne participe pas au Concours en raison du deuil national suite à la mort de Georges Pompidou.

1975 | Pays-Bas | **Teach-In** | *Ding-a-dong* | 152 pts — Instauration du système de vote actuel : de 1 à 8 points, puis 10 et surtout 12 points !

1976 | Royaume-Uni | **Brotherhood of Man** | *Save Your Kisses for Me* | 164 pts

1977 | France | **Marie Myriam** | *L'Oiseau et l'Enfant* | 136 pts — **5e victoire française.**

1978 | Israël | **Izhar Cohen & The Alphabeta** | *A-Ba-Ni-Bi* | 157 pts

1979 | Israël | **Gali Atari & Milk and Honey** | *Hallelujah* | 125 pts

1980 | Irlande | **Johnny Logan** | *What's Another Year* | 143 pts — Le Luxembourg surprend avec la chanson Papa Pingouin.

1981 | Royaume-Uni | **Bucks Fizz** | *Making Your Mind Up* | 136 pts

1982 | Allemagne de l'Ouest | **Nicole** | *Ein bißchen Frieden* | 161 pts

1983 | Luxembourg | **Corinne Hermès** | *Si la vie est cadeau* | 142 pts — Première utilisation du micro sans fil.

1984 | Suède | **Herreys** | *Diggi-Loo Diggi-Ley* | 145 pts

1985 | Norvège | **Bobbysocks** | *La det swinge* | 123 pts

1986 | Belgique | **Sandra Kim** | *J'aime la vie* | 176 pts — **Victoire de Sandra Kim pour la Belgique.**

1987 | Irlande | **Johnny Logan** | *Hold Me Now* | 172 pts

1988 | Suisse | **Céline Dion** | *Ne partez pas sans moi* | 137 pts — **Céline Dion remporte le Concours pour la Suisse.**

1989 | Yougoslavie | **Riva** | *Rock Me* | 137 pts

1990 | Italie | **Toto Cutugno** | *Insieme: 1992* | 149 pts

Création du Prix Barbara-Dex.

1991 | Suède | **Carola** | *Fångad av en stormvind* | 146 pts

Amina, la candidate française, termine 1re ex æquo mais le règlement de l'époque donne la victoire à la Suède.

Effondrement de l'URSS: le réseau Intervision, équivalent du réseau Eurovision dans le bloc soviétique, fusionne dans l'UER. Les pays de l'Est intègrent progressivemnt le Concours.

1992 | Irlande | **Linda Martin** | *Why Me?* | 155 pts

1993 | Irlande | **Niamh Kavanagh** | *In Your Eyes* | 187 pts

Patrick Fiori représente la France au Concours.

1994 | Irlande | **Paul Harrington & Charlie McGettigan** | *Rock 'n' Roll Kids* | 226 pts

1995 | Norvège | **Secret Garden** | *Nocturne* | 148 pts

1996 | Irlande | **Eimear Quinn** | *The Voice* | 162 pts

1997 | Royaume-Uni | **Katrina and the Waves** | *Love Shine a Light* | 227 pts

1998 | Israël | **Dana International** | *Diva* | 172 pts

La première femme trans remporte l'Eurovision avec Dana International.

1999 | Suède | **Charlotte Nilsson** | *Take Me to Your Heaven* | 163 pts

La liberté linguistique est réinstaurée.

2000 | Danemark | **Olsen Brothers** | *Fly on the Wings of Love* | 195 pts

Diffusion en HD du Concours.

2001 | Estonie | **Tanel Padar, Dave, Benton et 2XL** | *Everybody* | 198 pts

Natasha Saint-Pier chante « Je n'ai que mon âme » pour la France.

2002 | Lettonie | **Marie N** | *I Wanna* | 176 pts

Pour la première fois, des drag queens participent au Concours avec le le groupe slovène Sestre.

2003 | Turquie | **Sertab Erener** | *Everyway That I Can* | 167 pts

Création du Concours Eurovision Junior.

2004 | Ukraine | **Ruslana** | *Wild Dances* | 280 pts

Jonatan Cerrada représente la France au Concours.

2005 | Grèce | **Élena Paparízou** | *My Number One* | 230 pts

2006 | Finlande | **Lordi** | *Hard Rock Hallelujah,* 292 pts

Dernière participation de Monaco au Concours avec Séverine Ferrer et son titre « La Coco Dance ».

2007 | Serbie | **Marija Šerifović** | *Molitva* | 268 pts

2008 | Russie | **Dima Bilan** | *Believe* | 272 pts

Scandale linguistique en France : une chanson intégralement en anglais a failli représenter le pays.

2009 | Norvège | **Alexander Rybak** | *Fairytale* | 387 pts

Patricia Kaas représente la France et finit à la 8e place.

2010 | Allemagne | **Lena Meyer-Landrut** | *Satellite* | 246 pts

2011 | Azerbaïdjan | **Ell & Nikki** | *Running Scared* | 221 pts

2012 | Suède | **Loreen** | *Euphoria* | 372 pts — Anggun participe au Concours pour la France.

2013 | Danemark | **Emmelie de Forest** | *Only Teardrops* | 281 pts — Première fois qu'une fosse debout est présente dans l'arena, l'Eurovision devient un concert pour les spectateurs présents sur place !

2014 | Autriche | **Conchita Wurst** | *Rise Like a Phoenix* | 290 pts

2015 | Suède | **Måns Zelmerlöw** | *Heroes* | 365 pts — Destiny remporte l'Eurovision Junior pour Malte avec sa chanson « Not my soul ».

2016 | Ukraine | **Jamala** | *1944* | 534 pts — Amir représente la France. C'est un tournant pour l'implication de la France dans le Concours.

2017 | Portugal | **Salvador Sobral** | *Amar pelos dois* | 758 pts

2018 | Israël | **Netta** | *Toy* | 529 pts — Eleni Foureira enflamme la compétition avec sa chanson Fuego pour Chypre.

2019 | Pays-Bas | **Duncan Laurence** | *Arcade* | 498 pts — Bilal Hassani, icône LGBT, représente la France à l'Eurovision.

2020 | PAS DE CONCOURS COVID (seul le Junior est maintenu) — **1re victoire française à l'Eurovision Junior avec « J'imagine », chanté par Valentina.**

2021 | Italie | **Måneskin** | *Zitti e buoni* | 524 pts — Barbara Pravi termine à la 2e place du Concours pour la France avec la chanson « Voilà ».

2022 | Ukraine | **Kalush Orchestra** | *Stefania* | 631 pts — Exclusion de la Russie du Concours et de l'UER. Kalush Orchestra, le groupe ukrainien, remporte le concours et notamment un vote massif du public.

2023 | Suède | **Loreen** | *Tattoo* | 583 pts — La ville de Liverpool met en place un Eurovision Village avec une capacité de 25 000 places !

2024 | Suisse | **Nemo** | *The Code* | 591 pts — Nemo est le•a premier•ère artiste non binaire à remporter le Concours.

I. L'histoire | II. La France | III. Les langues | IV. La francophonie | V. La géopolitique | VI. La mode | VII. Les stars | VIII. L'Eurovision LGBTQIA+ | IX. Les tubes | X. Eurovision Junior

CRÉDITS

p.6 : Nderim Kaceli / Alamy Stock Photo | p.9 : Penta Springs Limited / Alamy Stock Photo | p.10 : Daniel Fallot / Ina / Ina via AFP | p.11h : PA Images / Alamy Stock Photo | p.11b : AGIP / Bridgeman Images | p.12 : ullstein bild / Getty Images | p.13 : Droits réservés | p.14 : Droits réservés | p.15 : Jacques Munch / AFP | p.16 : Keystone Press / Alamy Stock Photo | p.17 : Thomas Duseaux / Collection privée | p.19 : Peter Bischoff / Getty Images | p.21 : Britta Pedersen / dpa picture alliance / Alamy Stock Photo | p.22 : Universal History Archive / UIG / Bridgeman Images | p.25 : Jens Buttner / dpa picture alliance / Alamy Stock Photo | p.27 : public domain sourced / access rights from BNA Photographic / Alamy Stock Photo | p.28 : Reg Speller / Fox Photos / Hulton Archive / Getty Images | p.29 : Universal Music France / Bridgeman Images | p.30 : Giovanni Coruzzi / Bridgeman Images | p.31g : United Archives GmbH / Alamy Stock Photo | p.31d : Michel Artault / Gamma Rapho | p.32 : Derek Cattani / REX / Shutterstock | p.33 : Sepia Times / Universal Images Group via Getty Images | p.35 : Frédérique Veysset / Gamma Rapho | p.36 : Jessica Gow / Scanpix Sweden / AFP | p.37 : JOERG CARSTENSEN / dpa picture alliance archive / Alamy Stock Photo | p.38 : BABIRAD / SIPA | p.39 : Ritzau / Alamy Stock Photo | p.40 : Julian Stratenschulte / picture alliance via Getty Images | p.41 : Soeren Stache / dpa-Zentralbild / dpa / Alamy Live News | p.42 : Nderim Kaceli / Independent Photo Agency / Alamy Live News | p.43 : PA Images / Alamy Stock Photo | p.44 : Ritzau / Alamy Stock Photo | p.47 : Jens Buttner / dpa / Alamy Live News | p.48 : public domain sourced / access rights from The Picture Art Collection / Alamy Stock Photo | p.49 : Fox / Mirrorpix via Getty Images | p.50 : Joerg Carstensen / dpa picture alliance archive / Alamy Stock Photo | p.52 : Hélène Pambrun / Paris Match / Scoop | p.53 : Petros Giannakouris / AP / SIPA | p.54 : Rolf Klatt / Shutterstock | p.55 : Droits réservés | p.56 : Rolf Klatt / Shutterstock | p.57 : Guy Prives / Getty Images | p.58h : dpa picture alliance / Alamy Stock Photo | p.58b : dpa picture alliance / Alamy Stock Photo | p.59 : NTB / Bridgeman Images | p.60 : Alastair Grant / AP / SIPA | p.61g : Britta Pedersen / dpa / Alamy Live News | p.61d : Ulrich Perrey / dpa picture alliance archive / Alamy Stock Photo | p.63 : Alessandro Bosio / Alamy Stock Photo | p.64 : Soeren Stache / dpa-Zentralbild / dpa / Alamy Live News | p.67 : roger tillberg / Alamy Stock Photo | p.68 : Penta Springs Limited / Alamy Stock Photo | p.69h : Edward Miller / Keystone / Hulton Archive / Getty Images | p.69b : Michel GINFRAY / Gamma Rapho | p.70 : NTB / Bridgeman Images | p.71 : Sergey Ponomarev / AP / SIPA | p.71 : dpa picture alliance archive / Alamy Stock Photo | p.71 : Michel Krakowski / Belga / AFP | p.71 : Joerg Carstensen / dpa picture alliance / Alamy Stock Photo | p.71 : Belga News Agency / Alamy Stock Photo | p.71 : Joerg Carstensen / dpa / Alamy Live News | p.71 : Henning Kaiser / dpa picture alliance archive / Alamy Stock Photo | p.71 : Mick Hutson / Redferns / Getty Images | p.71 : Joerg Carstensen / dpa picture alliance archive / Alamy Stock Photo | p.71 : Belga News Agency / Alamy Stock Photo | p.72 : Soeren Stache / dpa-Zentralbild / dpa / Alamy Live News | p.73 : Belga News Agency / Alamy Live News | p.74 : United Archives GmbH / Alamy Stock Photo | p.75 : roger tillberg / Alamy Stock Photo | p.76 Joerg Carstensen / dpa picture alliance archive / Alamy Stock Photo | p.76 : public domain sourced / access rights from BNA Photographic / Alamy Stock Photo | p.76 : Waldemar Stoffel / Alamy Stock Photo | p.76 : Joerg Carstensen / dpa picture alliance archive / Alamy Stock Photo | p.76 : Joerg Carstensen / dpa picture alliance archive / Alamy Stock Photo | p.76 : Joerg Carstensen / dpa picture alliance archive / Alamy Stock Photo | p.76 : Joerg Carstensen / dpa picture alliance archive / Alamy Stock Photo | p.76 : Julian Stratenschulte / dpa / Alamy Live News | p.76 : Waldemar Stoffel / Alamy Stock Photo | p.76 : Loona / Abaca Press / Alamy Stock Photo | p.76 : Joerg Carstensen / dpa picture alliance archive / Alamy Stock Photo

| p.77 : Soeren Stache / dpa-Zentralbild / dpa / Alamy Live News | p.78 : Jacques Prayer / Gamma Rapho | p.79h : Keystone France / Gamma Rapho | p.79b : TopFoto / Roger-Viollet | p.80 : public domain sourced / access rights from BNA Photographic / Alamy Stock Photo | p.81 : Penta Springs Limited / Alamy Stock Photo | p.82 : Express / Getty Images | p.83g : Peter Bischoff / Getty Images | p.83d : Mick Hutson / Redferns / Getty Images | p.84 : public domain sourced / access rights from History and Art Collection / Alamy Stock Photo | p.87 : Britta Pedersen / dpa / Alamy Live News | p.88 : imago / Xinhua Imago / Alamy Stock Photo | p.89 : Droits réservés | p.90 : Britta Pedersen / dpa / Alamy Live News | p.91 : Ulrich Perrey / dpa picture alliance archive / Alamy Stock Photo | p.93 : Waldemar Stoffel / Alamy Stock Photo | p.94 : public domain sourced / access rights from BNA Photographic / Alamy Stock Photo | p.95 : dpa picture alliance / Alamy Stock Photo | p.96 : Keystone France / Gamma Rapho | p.97 : United Archives GmbH / Alamy Stock Photo | p.99 : Sara Johannessen / NTB Scanpix / SIPA | p.100 : MacKendrick / Mirrorpix via Getty Images | p.101 : Gloaguen / Gamma Rapho | p.102 : Murad Sezer / AP / SIPA | p.103 : Britta Pedersen / dpa picture alliance / Alamy Stock Photo | p.104 : Rolf Klatt / Shutterstock / SIPA | p.105 : Luca Bruno / AP / SIPA | p.106 : Martin Meissner / AP / SIPA | p.107 : Jens Buttner / dpa picture alliance / Alamy Stock Photo | p.108 : Pixsell / Alamy Stock Photo | p.109 : Ritzau / Alamy Stock Photo | p.110 : Orit Pnini / KAN / AFP | p.113 : Jens Buttner / dpa / Alamy Live News | p.114 : United Archives GmbH / Alamy Stock Photo | p.115 : Derek Cattani / REX / Shutterstock | p.116 : Penta Springs Limited / Alamy Stock Photo | p.116 : Penta Springs Limited / Alamy Stock Photo | p.116 : public domain sourced / access rights from BNA Photographic / Alamy Stock Photo | p.116 : public domain sourced / access rights from BNA Photographic / Alamy Stock Photo | p.117 : public domain sourced / access rights from BNA Photographic / Alamy Stock Photo | p.119 : immy Wilds / Keystone / Hulton Archive / Getty Images | p.120 : public domain sourced / access rights from History and Art Collection / Alamy Stock Photo | p.121 : Penta Springs Limited / Alamy Stock Photo | p.122h : David Housden / Mirrorpix via Getty Images | p.122b : public domain sourced / access rights from BNA Photographic / Alamy Stock Photo | p.123 : roger tillberg / Alamy Stock Photo | p.124 : Kai Hagstrom / KeystoneHulton Archive/Getty Images | p.125 : roger tillberg / Alamy Stock Photo | p.126 : PA Images / Alamy Stock Photo | p.127 : Ritzau / Alamy Stock Photo | p.129 : public domain sourced / access rights from BNA Photographic / Alamy Stock Photo | p.130 : dpa picture alliance archive / Alamy Stock Photo | p.131g : dpa picture alliance archive / Alamy Stock Photo | p.131d : dpa picture alliance archive / Alamy Stock Photo | p.133 : Joerg Carstensen / dpa picture alliance archive / Alamy Stock Photo | p.133 : Joerg Carstensen / dpa picture alliance archive / Alamy Stock Photo | p.133 : Joerg Carstensen / dpa picture alliance archive / Alamy Stock Photo | p.133 : Alan D West / Alamy Stock Photo | p.134g : Guy Prives / Getty Images | p.134d : Joerg Carstensen / dpa picture alliance archive / Alamy Stock Photo | p.135 : Pedro Gomes / Getty Images | p.136h : Waldemar Stoffel / Alamy Stock Photo | p.136b : Joerg Carstensen / dpa picture alliance archive / Alamy Stock Photo | p.137 : Imago / Alamy Stock Photo | p.138g : 11912653p / Shutterstock | p.138d : Aitor Rodero Aznarez / Alamy Stock Photo | p.139 : Marco Destefanis / Alamy Stock Photo | p.140 : Jens Buttner / dpa / Alamy Live News | p.141g : Independent News and Media / Getty Images | p.141d : Kyrre / BTS Scanpix / SIPA | p.142 : Briquet Gouhier Orban / Abaca | p.143 : Joerg Carstensen / dpa picture alliance archive / Alamy Stock Photo | p.144 : Briquet Gouhier Orban / Abaca | p.147 : Waldemar Stoffel / Alamy Stock Photo | p.148 : Keystone-France / Gamma-Keystone via Getty Images | p.149 : Ulrich Perrey / dpa picture alliance archive / Alamy Stock Photo | p.150 : Joerg Carstensen / dpa picture alliance archive / Alamy Stock Photo | p.151 : Joerg Carstensen / dpa picture alliance archive / Alamy Stock Photo | p.152 : Ragnar Singsaas / WireImage / Getty Images | p.153 : Waldemar Stoffel / Alamy Stock Photo | p.154 : Joerg Carstensen / dpa picture alliance / Alamy Stock Photo | p.155 : Peter Kneffel / dpa picture alliance / Alamy Stock Photo | p.157 : Alessandro Bosio / Alamy Stock Photo | p.158 : Keystone Press / Alamy Stock Photo | p.159 : Soeren Stache / dpa-Zentralbild / dpa / Alamy Live News | p.161 : Heilemann / Camerapress / Gamma Rapho | p.162 : Droits réservés | p.163 : Claus Bjoern Larsen / Scanpix Denmark / AFP | p.165 : Alan D West / Alamy Stock Photo | p.166 : Independent News and Media / Getty Images | p.169 : Waldemar Stoffel / Alamy Stock Photo | p.170 : NIGEL TREBLIN / Getty Images via AFP | p.171 : AGIP / Bridgeman Images | p.172h : Keystone France / Gamma Rapho | p.172b : Collection Gregoire / Bridgeman Images | p.173 : Reuters / Michael Urban / Bridgeman Images | p.174 : Peter Bischoff / Getty Images | p.175 : Reuters / Alexander Demianchuk / Bridgeman Images | p.176 : Alastair Grant / AP / SIPA | p.178 : Gonzales Photo / Alamy Stock Photo | p.179 : Ilia Yefimovich / dpa / Alamy Live News | p.181: Martin Meissner / AP / SIPA | p.182 : Live Media Publishing Group / Alamy Stock Photo | p.182 : Martin Meissner / AP / SIPA | p.182 : Nigel Treblin / WireImage | p.182 : Waldemar Stoffel / Alamy Stock Photo | p.185 : Jens Buttner / dpa picture alliance / Alamy Stock Photo | p.186 : Mondadori via Getty Images | p.187 : Central Press / Hulton Archive / Getty Images | p.188 : PA Images / Alamy Stock Photo | p.189 : Peter Bischoff / Getty Images | p.190 : Joerg Carstensen / dpa picture alliance / Alamy Stock Photo | p.191 : Joerg Carstensen / dpa picture alliance / Alamy Stock Photo | p.192 : PA Images / Alamy Stock Photo | p.194 : Gonzales Photo / Alamy Stock Photo | p.195 : Waldemar Stoffel / Alamy Stock Photo | p.196 : Jens Buttner / dpa picture alliance / Alamy Stock Photo | p.197 : Independent Photo Agency Srl / Alamy Stock Photo | p.198 : Keystone France / Gamma Rapho | p.199 : Pictorial Press Ltd / Alamy Stock Photo | p.200g : Aristotle Sariscostas / AP / SIPA | p.200d : public domain sourced / access rights from BNA Photographic / Alamy Stock Photo | p.201 : Ritzau / Alamy Stock Photo | p.202 : Marco Destefanis / Alamy Stock Photo | p.203 : Soeren Stache / dpa-Zentralbild / dpa / Alamy Live News | p.204 : Joerg Carstensen / dpa picture alliance / Alamy Stock Photo | p.205 : Julian Stratenschulte / dpa / Alamy Live News | p.206 : Heilemann / Camerapress / Gamma Rapho | p.209 : Arnaud Abadie / Collection Privée | p.210 : Florence Matte / Collection Privée | p.211 : REX / SIPA | p.212 : Florence Matte / Collection Privée | p.213 : Georgi Paleykov / NurPhoto / AFP | p.214 : Farouk Vallette / Cocoricovision | p. 223 : Logo 12 Points Podcast / Vincent Wimez / Des Idées à la Com | En couverture: Roger Tillberg / Alamy | Keystone Press / Alamy | PA Images / Alamy | dpa picture alliance / Alamy | Gonzales Photo / Alamy | History and Art Collection / Alamy

CONTRI-BUTEURS

12 Points – le Podcast qui décrypte l'Eurovision

Créer le premier podcast francophone indépendant qui parle de l'Eurovision : telle est l'ambition d'Agathe, Quentin, Vincent et Thomas qui, depuis septembre 2021, analysent, débattent et échangent autour de ce concours hors norme. Interviews, couverture internationale des événements organisés autour de l'émission, débriefs des dernières éditions, analyses géopolitiques les plus poussées… Ils décortiquent, non sans humour, tous les aspects de ce show aussi admiré que critiqué avec une ambition : passionner les néophytes comme les fans les plus aguerris. Et si l'on en croit l'audience, qui ne cesse de croître, avec talent ! Le podcast « 12 Points » est aujourd'hui une figure dans le petit monde médiatique de l'Eurovision, si bien que de nombreux médias (BFM, RTS, France Info, Télé-Loisirs…) sollicitent régulièrement l'expertise des membres de l'équipe.

Thomas Duseaux
Créateur, producteur et animateur du podcast «12 Points»

Il a à cœur de parler différemment de l'Eurovision, convaincu que ce programme au projet européen puissant pourrait rencontrer un public large. Pour ouvrir le champ de perception de ce concours de chansons au plus grand nombre, ce passionné de radio a décidé de s'entourer d'une équipe de passionnés. Décrypter l'Eurovision et appréhender le Concours comme un objet culturel unique en son genre, foisonnant de sujets divers, oui, mais toujours avec l'idée de proposer une émission de divertissement de qualité et riche en informations.

Vincent Escure
Comédien-chanteur formé à l'ESCA

Il a joué dans de nombreuses pièces de théâtre (*La Nuit de l'ours,* en 2011, *Aux frais de la princesse,* en 2016-2017), séries TV (*Détectives,* sur France 2, *66-5,* sur Canal+) et comédies musicales (*Les Aventures de Tom Sawyer,* en 2017-2019, *Michel Forever,* en 2019-2020, et notamment *Spamalot,* Molière du meilleur spectacle musical en 2024). Passionné par les grandes voix, les « hurleuses » sont son domaine de prédilection, dont il distille les notes au sein du podcast pour le bonheur des oreilles de toutes et tous. Il offre, par son métier, couplé à sa passion du Concours, des critiques doublées d'une répartie à la fois uniques et plébiscitées.

Agathe Jolivet
Artiste multiple

Elle a foulé de nombreuses scènes de théâtre avant de se consacrer entièrement à l'écriture, la production et la mise en scène. On lui doit notamment *Knack Fatale,* un spectacle musical et théâtral mettant en scène des drag queens. Elle intègre l'équipe du podcast en 2023, où elle tient la chronique satyrique « ZéroVision » — soit l'art de ne rien connaître à l'Eurovision et d'y prendre goût. Une expérience qui confirme son intérêt pour le format podcast puisqu'elle produit et anime également le sien : le Pod Q.

Quentin Mauduit
Chargé d'enseignement à l'université Paris 1 Panthéon-Sorbonne

Il enseigne sur les politiques de l'Union européenne, ce professeur de sciences économiques et sociales est l'expert en histoire, en politique et en géopolitique du podcast, qui a à cœur de dévoiler « le dessous » des cartes du Concours. Spectateur assidu de l'Eurovision depuis des années, il y a consacré son mémoire de master à la Sorbonne, intitulé « Le champ de l'Eurovisioncratie : pour une sociologie politique du Concours Eurovision de la chanson ».